Rätseln mit Spaß

Latein

Manfred Bartl
Illustriert von Ralf Butschkow

arsEdition

Wortrad

Setze die entsprechenden lateinischen Verben ein – alle Wörter enden auf -are!

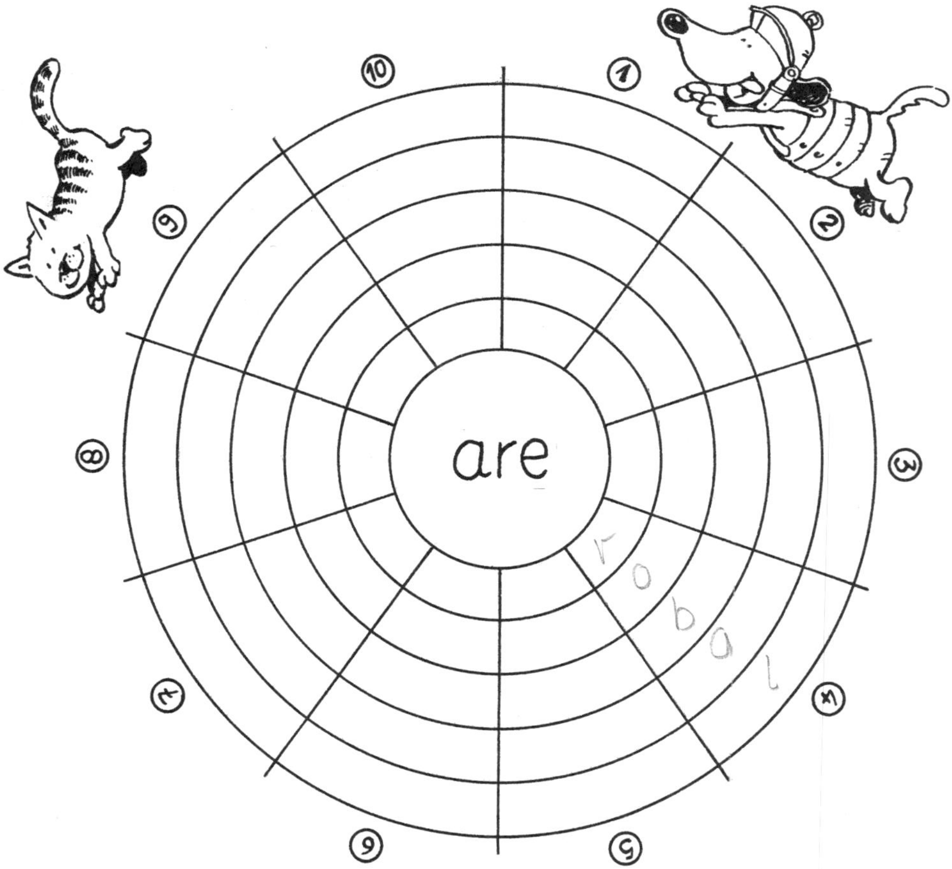

1. anklagen
2. befehlen
3. wachen
4. arbeiten
5. wohnen
6. antreiben, reizen
7. helfen
8. nicht kennen
9. urteilen
10. erregen

Treppenrätsel

Jedes Wort besteht aus drei Buchstaben. Setze die richtigen Anfangsbuchstaben ein!

Fehlende Anfangsbuchstaben

Setze die fehlenden Anfangsbuchstaben ein!
Alle Anfangsbuchstaben zusammen ergeben einen lateinischen Spruch.

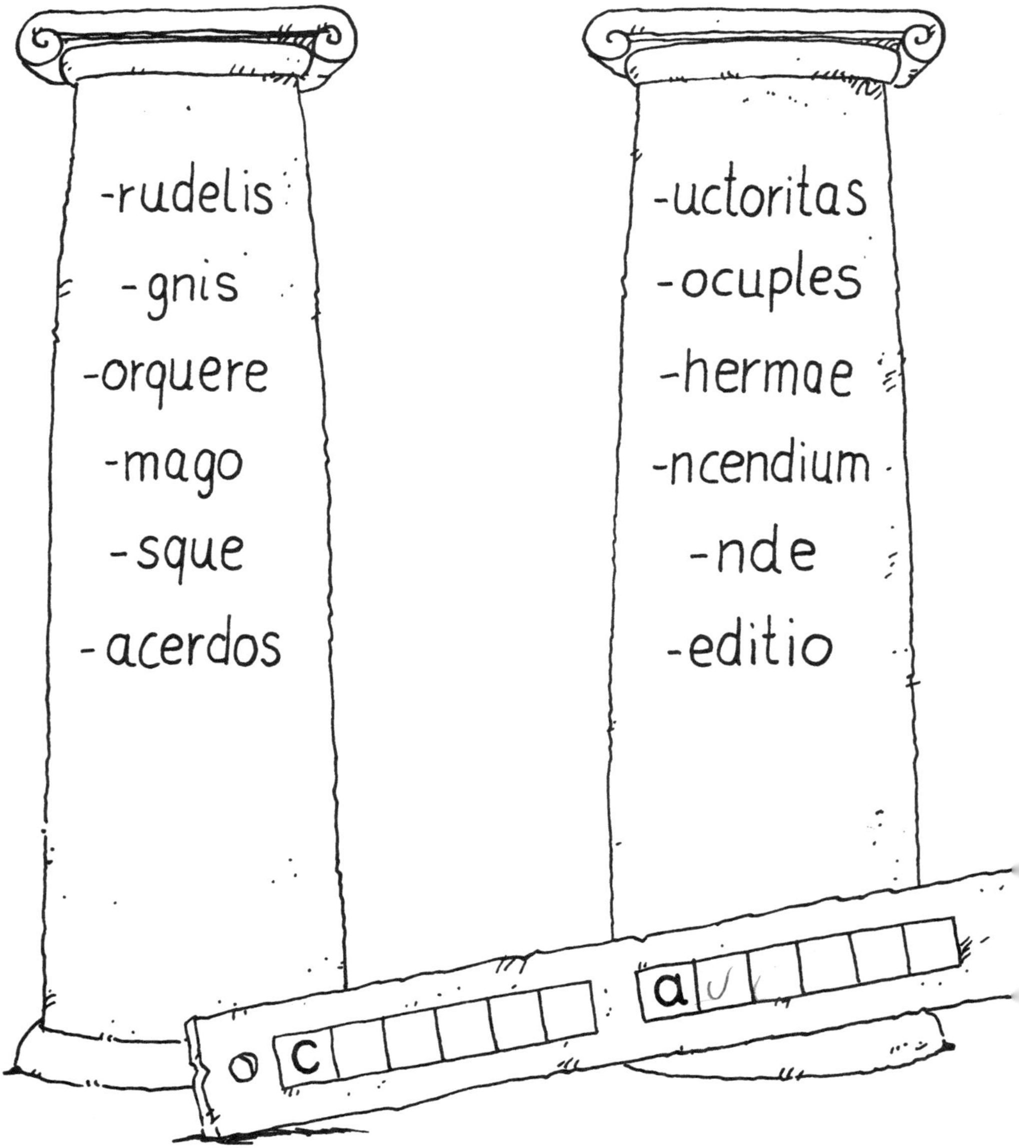

Kannst du die folgenden Fremdwörter erklären?
Toleranz, Autorität, Reliquien, Artist, Generation, Abstinenz, Republik, Vakuum

Substantiv und Verb

Bilde zu jedem Substantiv das dazugehörige Verb!

aedificare

Wörter mit zwei Buchstaben

Findest du alle
17 Wörter mit nur
zwei Buchstaben?

aaa, b, c
d, eeeeeee
iii, m, nn, o
ssss, ttttt
uu, x

»os« hat zwei
Bedeutungen,
deshalb kommt es
auch zweimal vor!

Lustige Wörter

Du kannst sie vorwärts und rückwärts lesen.
Schreibe die deutsche Bedeutung daneben!

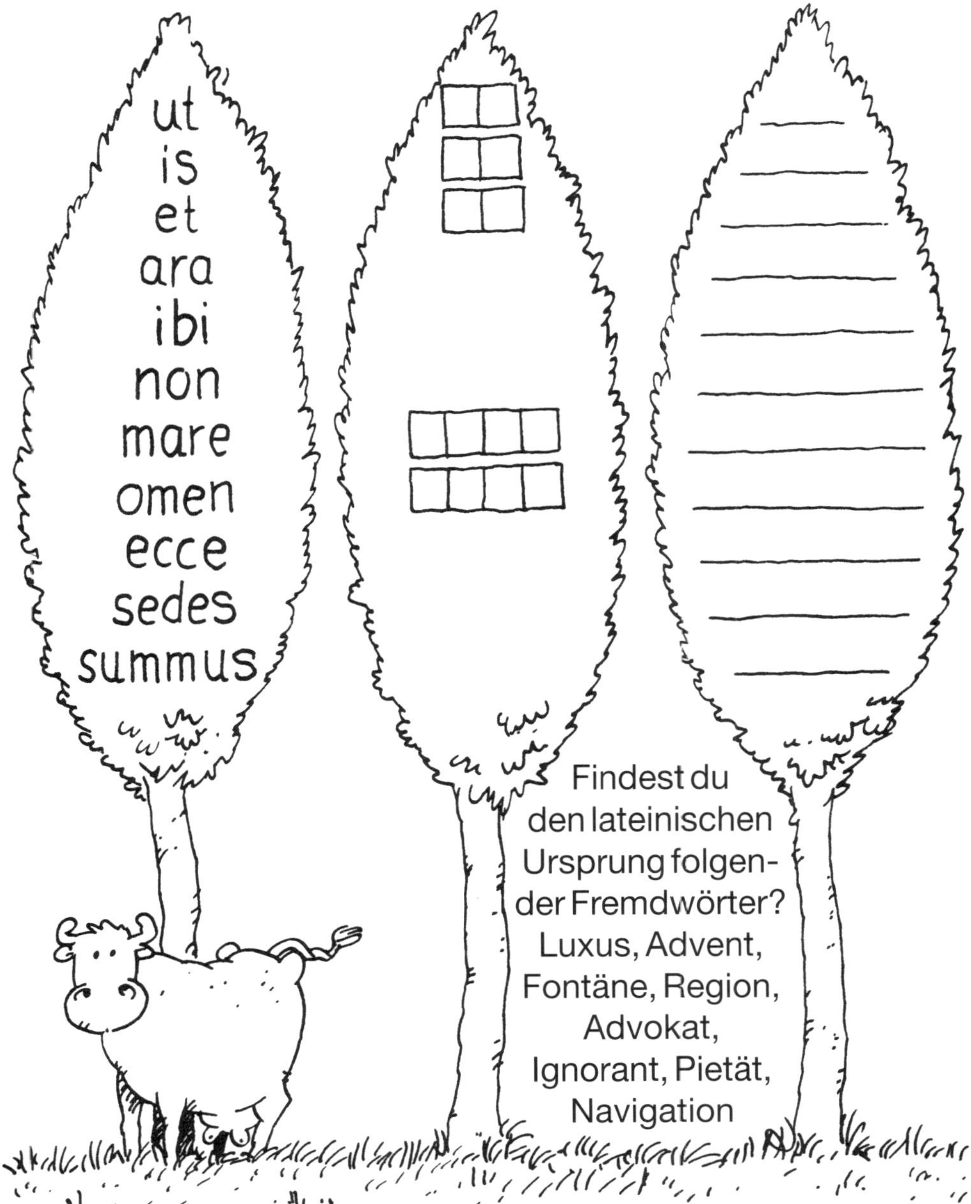

Findest du den lateinischen Ursprung folgender Fremdwörter?
Luxus, Advent, Fontäne, Region, Advokat, Ignorant, Pietät, Navigation

Römische Fahnen

Die Buchstaben in der Mitte jeder Fahne (von oben nach unten gelesen) ergeben das Lösungswort:

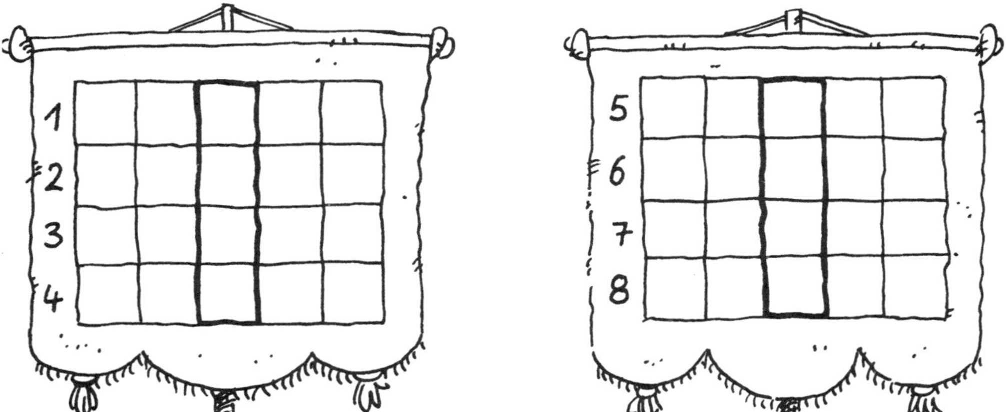

1. Summe
2. nahe bei
3. Nachsicht
4. können

5. genug
6. Erde
7. Grund
8. Name

Finde das Gegenteil!

1. immortalis
2. pius
3. magnus
4. difficilis
5. antiquus
6. malus
7. notus
8. brevis
9. pauci
10. albus

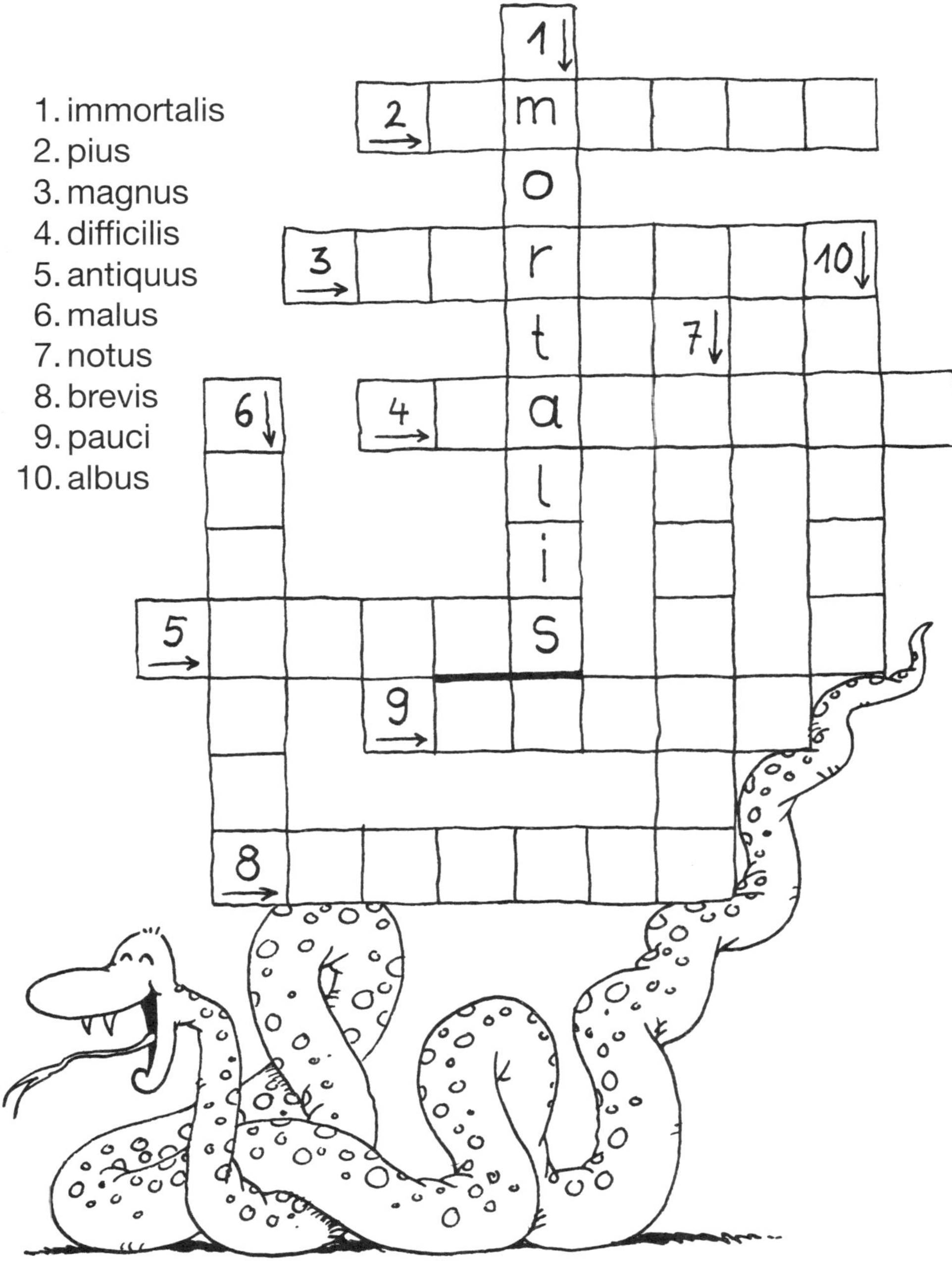

Chinesen-Latein

Die Chinesen können bekanntlich kein »r« sprechen; sie sprechen dafür ein »l«. Du findest sicherlich die richtigen lateinischen Wörter. Schreibe sie darunter!

flustla ________ albol ________ solele ________

lulsus ________ labolale ________ melele ________

libel ________ balbalus ________ oldo ________

flatel ________ clebel ________ polta ________

paupel ________ lidele ________ calele ________

plaeda ________ pliol ________ plopelale ________

haelele ________

ploptel ________

memol ________

Ein römischer Kaiser

Setze die lateinischen Wörter ein! Die Buchstaben in den stark umrandeten Feldern ergeben den Namen eines berühmten römischen Kaisers.

1. Wasser
2. kühn
3. krank
4. Jahr
5. Bogen
6. Freundschaft
7. Silber
8. ewig

Erkennst du die lateinischen Wörter in folgenden englischen Begriffen?
statue, table, car, glory, empire, number, language, industry, liberty, capital, religion

Ein Buchstabe – zwei Wörter

Setze in jedes stark umrandete Feld einen Buchstaben ein! Dieser Buchstabe ist der Endbuchstabe des vorderen Wortes und zugleich der Anfangsbuchstabe des hinteren Wortes. Von oben nach unten ergeben sich die Gründer Roms.

m	u	l	i	e		i	p	a		
o	r	a	t	i		d	i	u	m	
	f	o	r	u		o	d	u	s	
	c	o	r	n		x	o	r		
c	o	n	s	u		u	d	u	s	
			d	i		s	u	s		
	s	o	l	u		c	e	l	u	s

	p	r	o	p		t	i	a	m	
	c	a	p	u		o	g	a		

a	u	c	t	o		u	i	n	a	
	v	a	l	d		n	i	m		
f	a	c	t	u		o	r	b	u	s
				t		n	d	a		
	s	a	l	u		e	r	m	o	

Ein Wort im Wort

In jedem Wort findest du ein anderes lateinisches Wort.
Kreise es ein!

p	e	r	t	u	r	b	a	r	e
s	e	n	e	x					
v	a	s	t	u	s				
s	o	l	e	r	e				
v	e	r	b	u	m				
s	e	d	a	r	e				
p	r	u	d	e	n	s			
h	u	m	a	n	u	s			
s	e	n	a	t	u	s			
p	l	a	c	a	r	e			
t	r	i	b	u	n	u	s		
l	a	b	o	r	a	r	e		

Kannst du die folgenden englischen
Wörter aus dem Lateinischen ableiten?
example, family, nature, victory, hour,
to study, to emigrate, to use, to celebrate

quattuor et quattuor

1. Acker
2. Vogel
3. Angeklagter
4. Schicksal

1. Sorge
2. Mahlzeit
3. scharf, heftig
4. Ufer

1. Knabe
2. Brücke
3. selten
4. spät

1. ebenso
2. selbst
3. in der Früh
4. sieh da!

Pluralquiz

Trage die richtigen Pluralformen ein!
Die unten angegebenen Endungen helfen dir.

1. populus [populi]
2. nomen
3. manus [man]
4. genus
5. imber
6. rapina
7. orator
8. hospes
9. scelus
10. virtus
11. animal
12. amicus
13. auctor
14. gaudium
15. species

-a, -ae, -alia, -bres, -era, -era, -es, -i, -ina, -ites, -ores, -ores, -us, -utes

A und O

Kleine, aber wichtige Wörter!
Es fehlen die Vokale »a« und »o«.
Setze sie richtig ein!

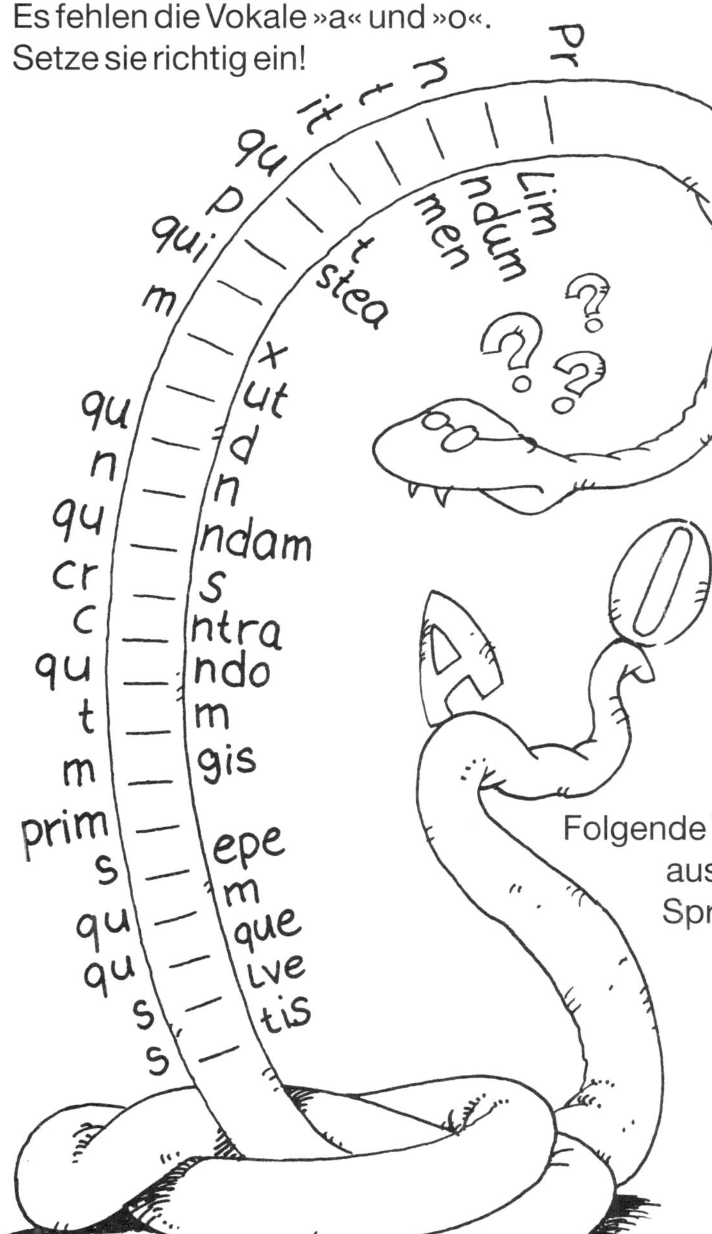

Folgende Wörter stammen aus der lateinischen Sprache. Findest du den lateinischen Ursprung? Porto, Kur, Camping, miserabel, komplett, rar, Portal, Kontinent

Bilderrätsel

Alle Wörter enden auf -um.
Trage die lateinischen Wörter ein! Die Buchstaben der entsprechenden Zahlen ergeben einen lateinischen Spruch.

1	T 4	E	M	P	L	u	m			
2	18						u	m		
3					10		u	m		
4		3					u	m		
5				5				u	m	
6			6					u	m	
7							20	u	m	
8			13					u	m	
9				11			12		u	m
10	19								u	m
11				17					u	m
12		9							u	m

1	2	3	4	5	6
f	o		T		

7	8	9	10	11	12	13
f	o					

14	15	16	17	18	19	20
a	d	i				

Ein Buchstabe zuviel

Wenn du einen Buchstaben wegläßt, entsteht ein neues Wort! (Achtung - der Buchstabe muß nicht immer am Anfang stehen!) Schreibe es daneben!

b	o	n	u	s	
m	o	s			
p	a	r	s		
s	p	e	s		
s	e	r	m	o	
a	m	a	r	e	
m	a	g	n	u	s
c	l	a	r	u	s
a	e	s	t	a	s
f	a	c	t	u	m
o	r	a	t	i	o
f	l	u	m	e	n

Diese englischen Wörter haben ihren Ursprung in der lateinischen Sprache. Kannst du sie erklären? to expect, to create, to educate, to affirm, voice, sing, art, future, office, memory

Kammrätsel

D Würde
E Beispiel
M Mittag
O Dienst
N Geschäft
S Hochmut
T Theater
R Heilmittel
A Ankunft
R Bauer
E Brief

d							
e							
m							
o							
n	e	g	o	t	i	u	m
s							
t							
r							
a							
r							
e	P	I	S	T	U	L	A

Fehlende Vokale

Finde die passende lateinische Übersetzung für die aufgeführten Wörter! Die Zahlen in den Fahnen geben die Anzahl der fehlenden Vokale an.

______________ ______________

______________ ______________

Waffen
Zug
erobern
Schlacht
Feind
Friede
3
cs
4
xpgnr
2
rm
2
gmn
2
hsts
1
px
4
sprr
2
bllm

Römische Namen

Findest du im Buchstabengitter rechts die ensprechenden römischen Namen? Manche Mädchennamen werden dabei zu Jungennamen!

Sie können waagerecht, senkrecht und diagonal
(auch auf dem Kopf) stehen.
Kreise die Namen ein!

a	n	t	o	n	i	u	s	p	k
u	c	s	l	p	f	x	r	l	c
g	c	l	a	u	d	i	u	s	o
u	d	i	l	a	s	m	f	p	r
s	c	c	u	u	s	a	a	a	n
t	r	l	i	l	o	r	b	n	e
u	f	r	y	u	i	c	i	a	l
s	a	d	d	b	r	u	u	i	i
m	i	r	t	b	l	s	s	d	u
a	y	a	e	m	i	l	i	u	s

Folgende deutsche Vornamen kommen aus dem Lateinischen:

Felix
Amadeus
Roman
Florian

Valentin
Paul
Konstanz
Beate

Victoria
Ursula
Regina
Klara

Verben-Schlange

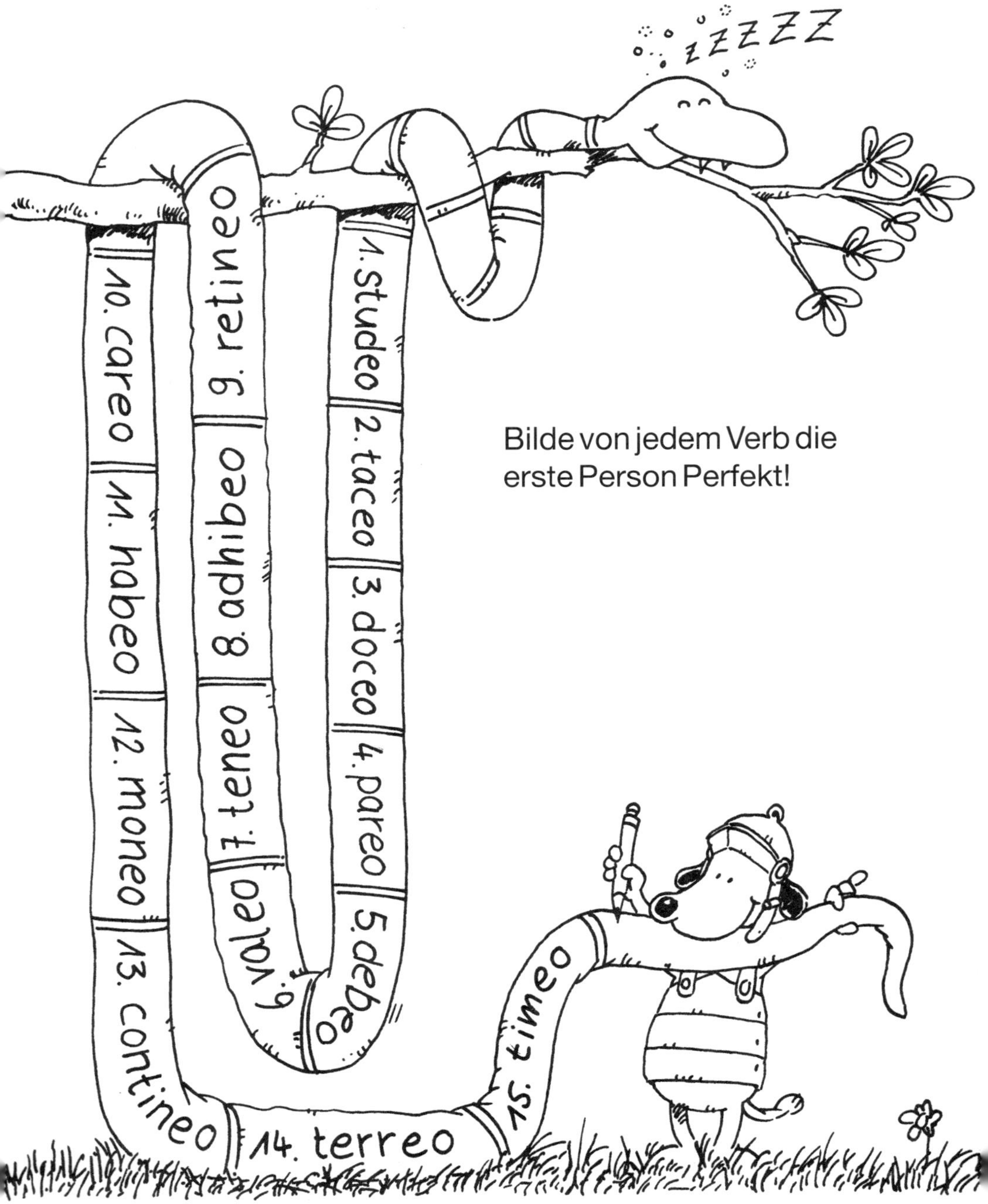

Bilde von jedem Verb die erste Person Perfekt!

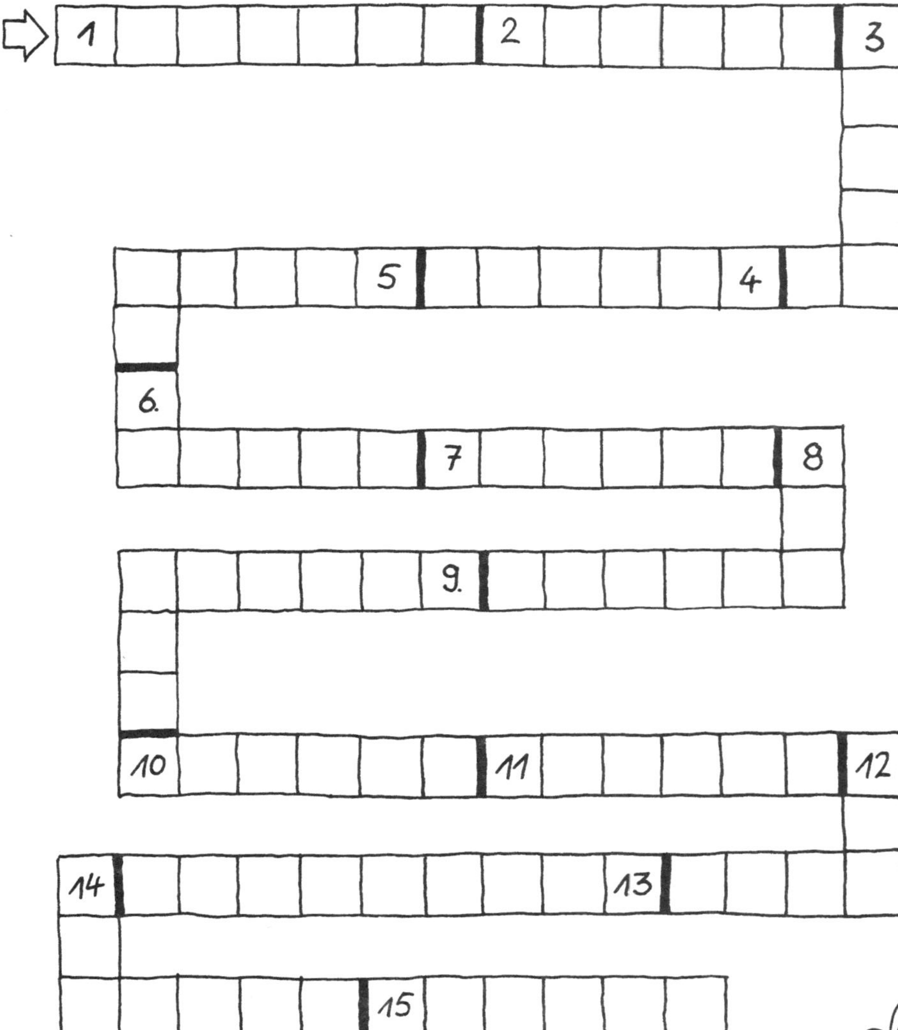
1
2
3
4
5
6.
7
8
9.
10
11
12
13
14
15

Corpus tuum

Trage die lateinischen
Wörter ein!

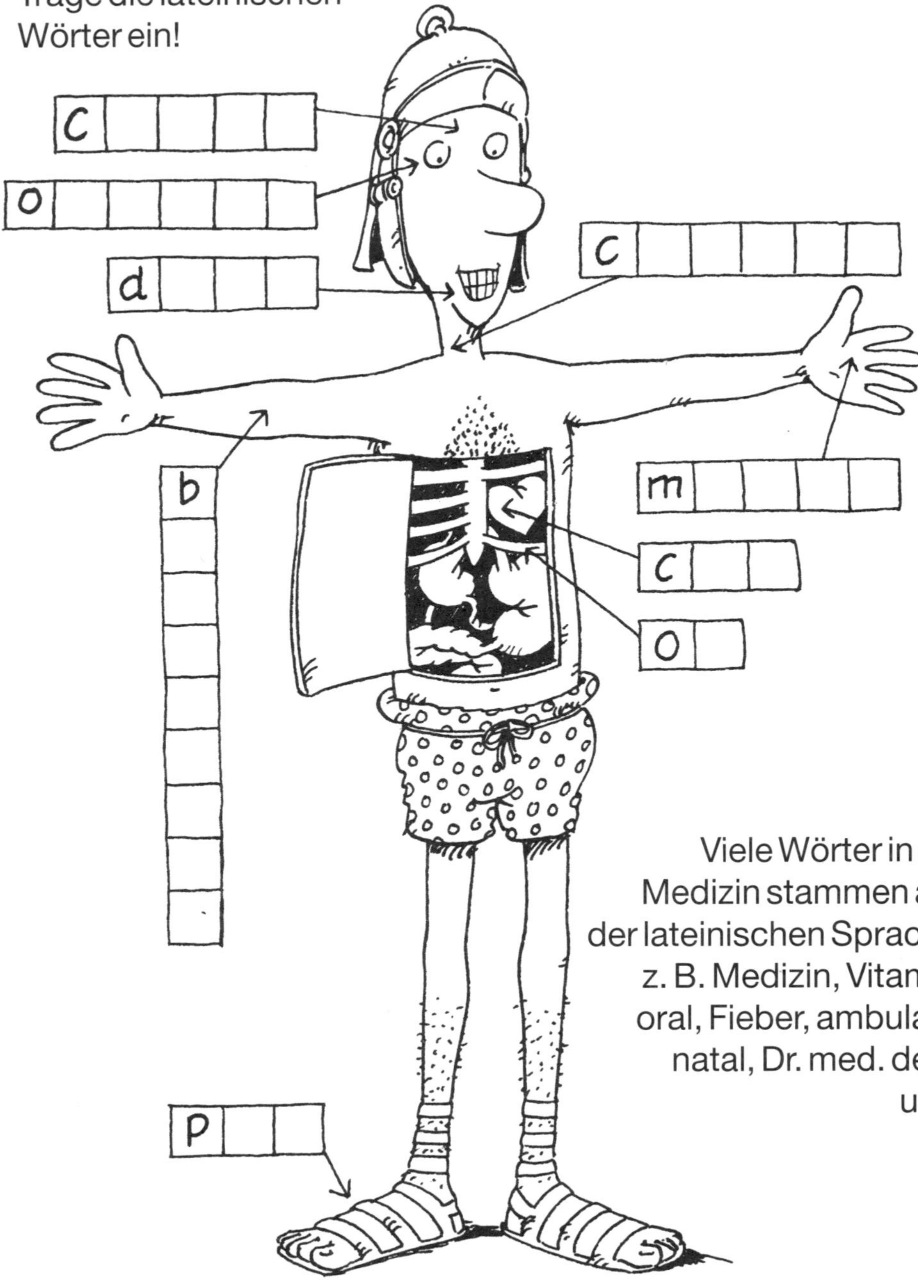

Viele Wörter in der Medizin stammen aus der lateinischen Sprache, z. B. Medizin, Vitamin, oral, Fieber, ambulant, natal, Dr. med. dent. usw.

Finde das Gegenteil!

Finde die richtigen Partner!

altus

bonus

facilis

pulcher

multum

parvus

acer

felix

malus

audax

magnus

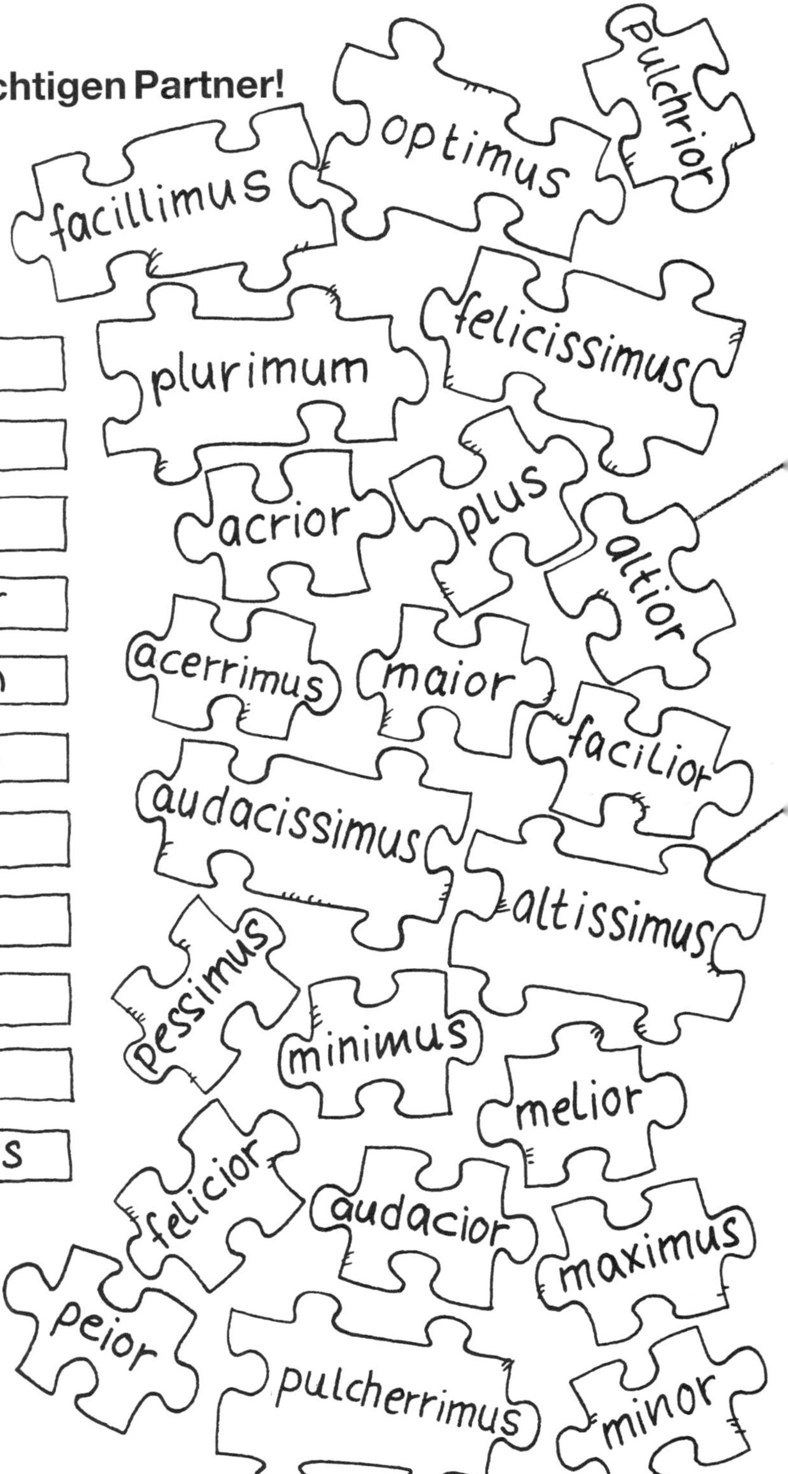

Trage die Steigerungsformen ein!

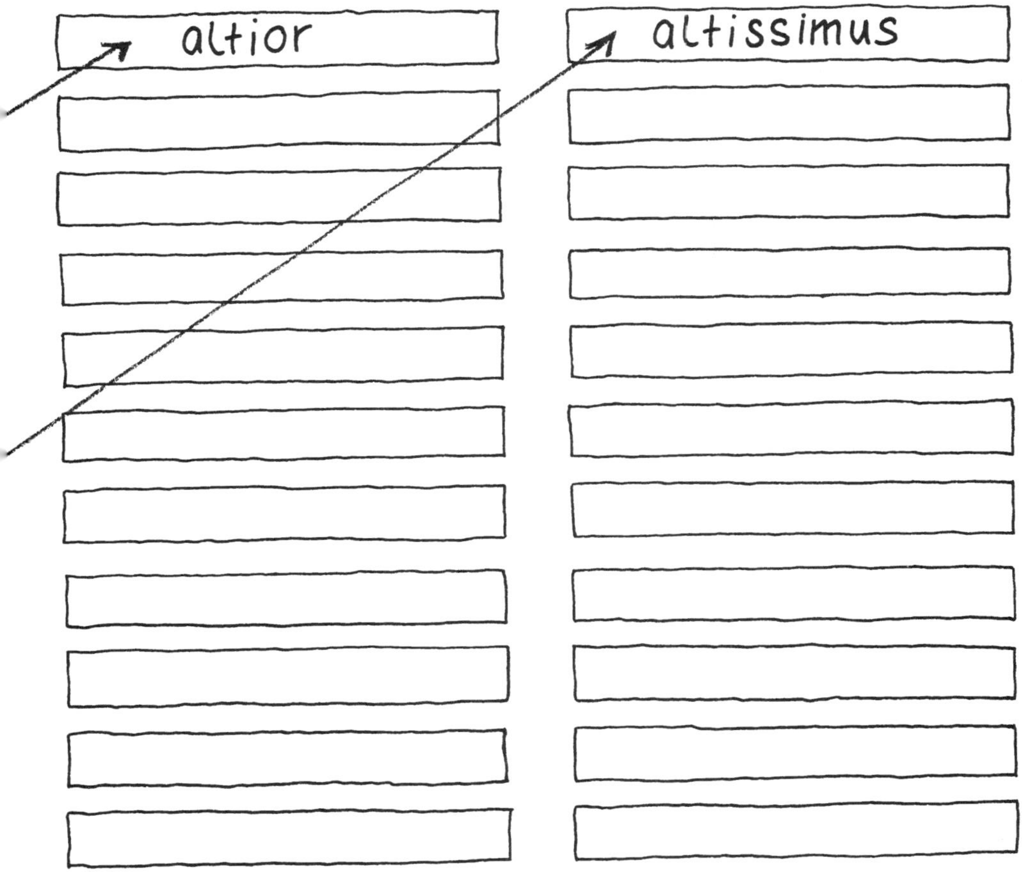

Kannst du folgende Wörter erklären?
multiplizieren, Plural, plus, minus, minimal, Pessimist, Majorität, maximal, Optimist, optimal

Ein römischer Feldherr

Setze die lateinischen Wörter ein. Die Buchstaben in den stark umrandeten Feldern ergeben den Namen eines berühmten römischen Feldherrn.

Kannst du diese Fremdwörter erklären?
rustikal, Offizier, Interesse, Moral, Nation, Tempo, Apparat, Finale

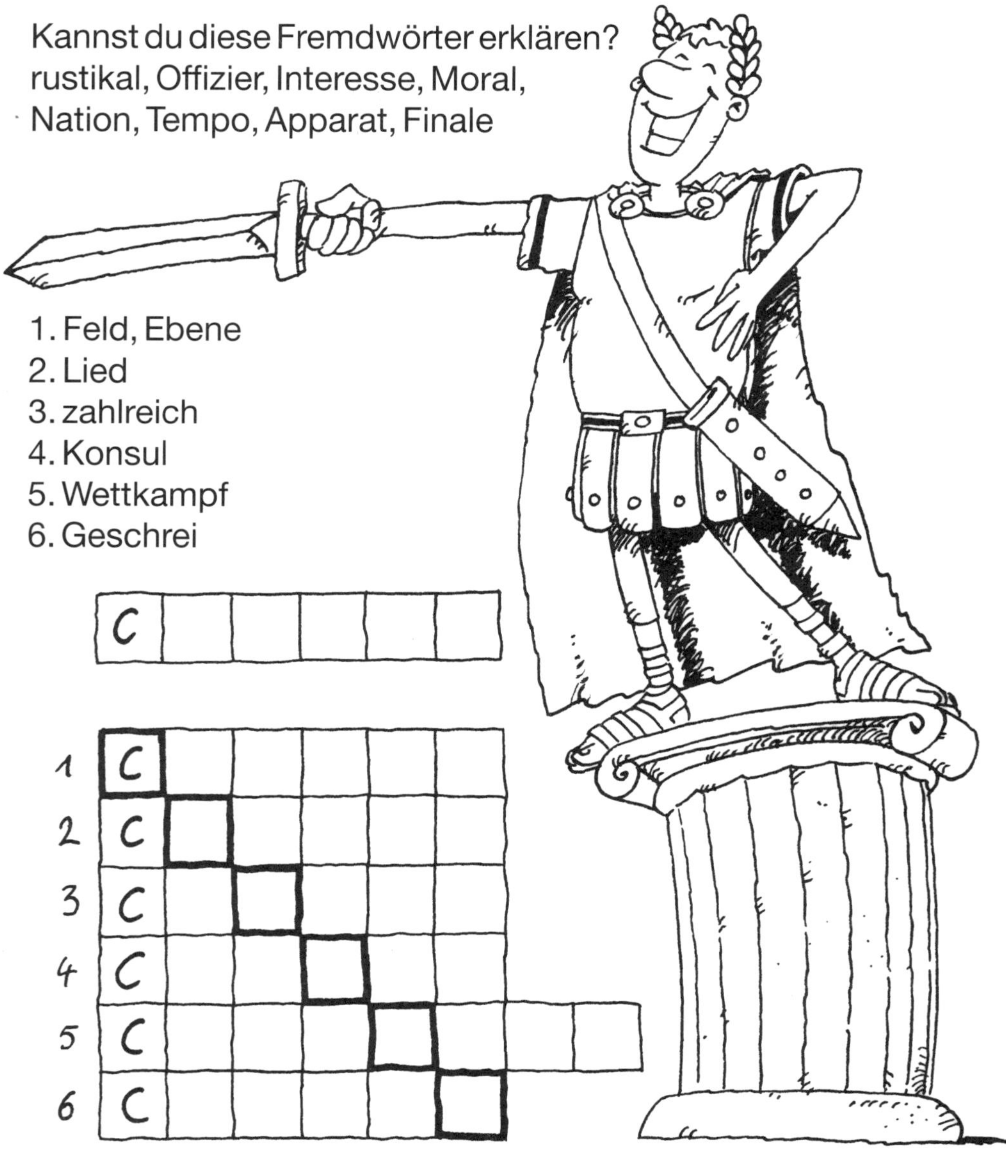

1. Feld, Ebene
2. Lied
3. zahlreich
4. Konsul
5. Wettkampf
6. Geschrei

C					

1	C							
2	C							
3	C							
4	C							
5	C							
6	C							

Adjektiv und Substantiv

Bilde zu jedem Adjektiv das dazugehörige Substantiv!
Der Lösungssatz ist ein lateinischer Spruch.

Adjektiv	Substantiv									
miser						10				
sapiens						6				
dignus		3								
audax							16			
benignus	b 2	e	n	e	f	i	c	i	u	m
fidus				5						
avarus							15			
superbus						9				
aureus			14							
multus						13				
acer				7						
laetus								12		

1	2	3	4	5	6	7	8	9	10
u			b				i		

11	12	13	14	15	16
p					

Zahlen – Zahlen – Zahlen

I			3					
II		5						
III		8						
IV				2				
V	7							
VI	1							
VII	6							
VIII	4							
IX		9						
X					10			

1	e	n	a	2	3	s

p	4	p	5	l	u	6	7	u	e

8	9	10	a	n	u	s

Silbenrätsel

Setze die lateinischen Formen ein!
(Verben der a-Konjugation, Vergangenheit, Indikativ, Aktiv)
Die Silben unten helfen dir dabei!

1. er erbaute
2. du hast dich beeilt
3. sie bewohnten
4. er hatte herbeigebracht
5. ihr habt verboten
6. sie sind ausgewandert
7. er hat zusammengerufen
8. du hast vermißt
9. er heuchelte
10. du hattest verwundet

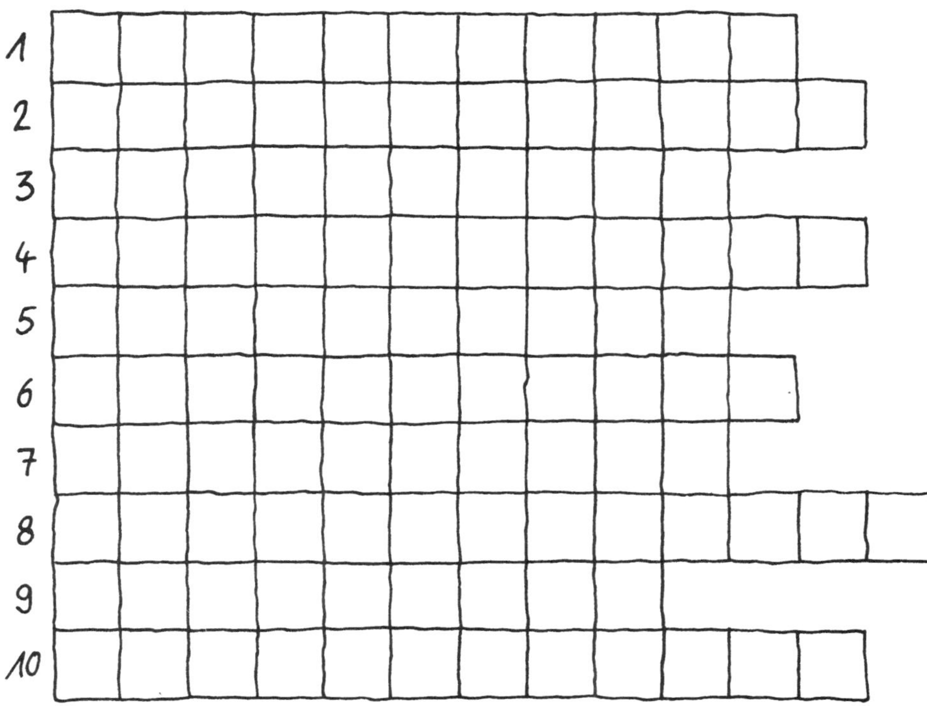

aedi, ap, bant, bat, bat, con, de, fica, gra, habi, mi, mula, nera, pera, porta, pro, si, sidera, ta, ta, ve, veras, verat, verunt, visti, vistis, visti, vit, voca, vul

Personen

Wie nennst du die Person, die…

1. in einer Klasse unterrichtet

2. hinter Gittern sitzt

3. im Gerichtssaal das Urteil fällt

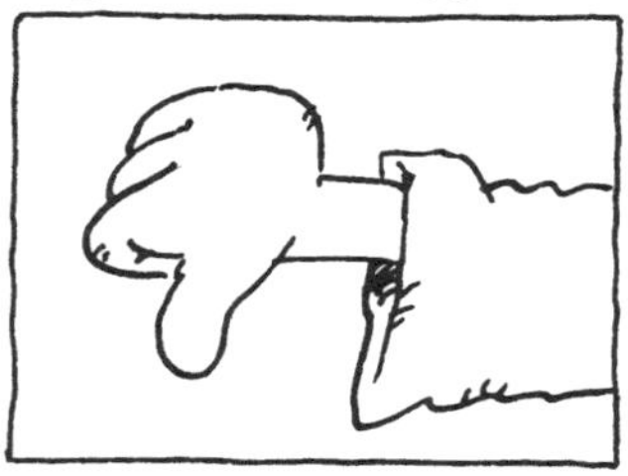

4. den Tempel bewacht

5. Waren einkauft und wieder verkauft

6. Dinge mit der Hand herstellt

7. Gedichte schreibt

8. bereits sehr alt ist

9. in einem römischen Tempel Opfer bringt

10. du gerne magst

11. einen Wettkampf gewonnen hat

Kannst du folgende Wörter aus der lateinischen Sprache erklären?

Magister, Fabrikant, Poesie, senil, merkantil, Jura

Vertauschte Buchstaben

Wenn du die Buchstaben der angegebenen Wörter etwas vertauschst, so ergeben sich neue lateinische Wörter.

Kannst du folgende Fremdwörter erklären?
Kreatur, liberal, Terror, Video, Simulant, Antiquität, Kantate, Ingenieur

Ordne richtig zu!

Setze die entsprechenden Formen ein!

Auch diese Wörter stammen aus dem Lateinischen.
Kannst du sie erklären?
Studium, Ruine, Ornament, Vokal, Primzahl, Dozent

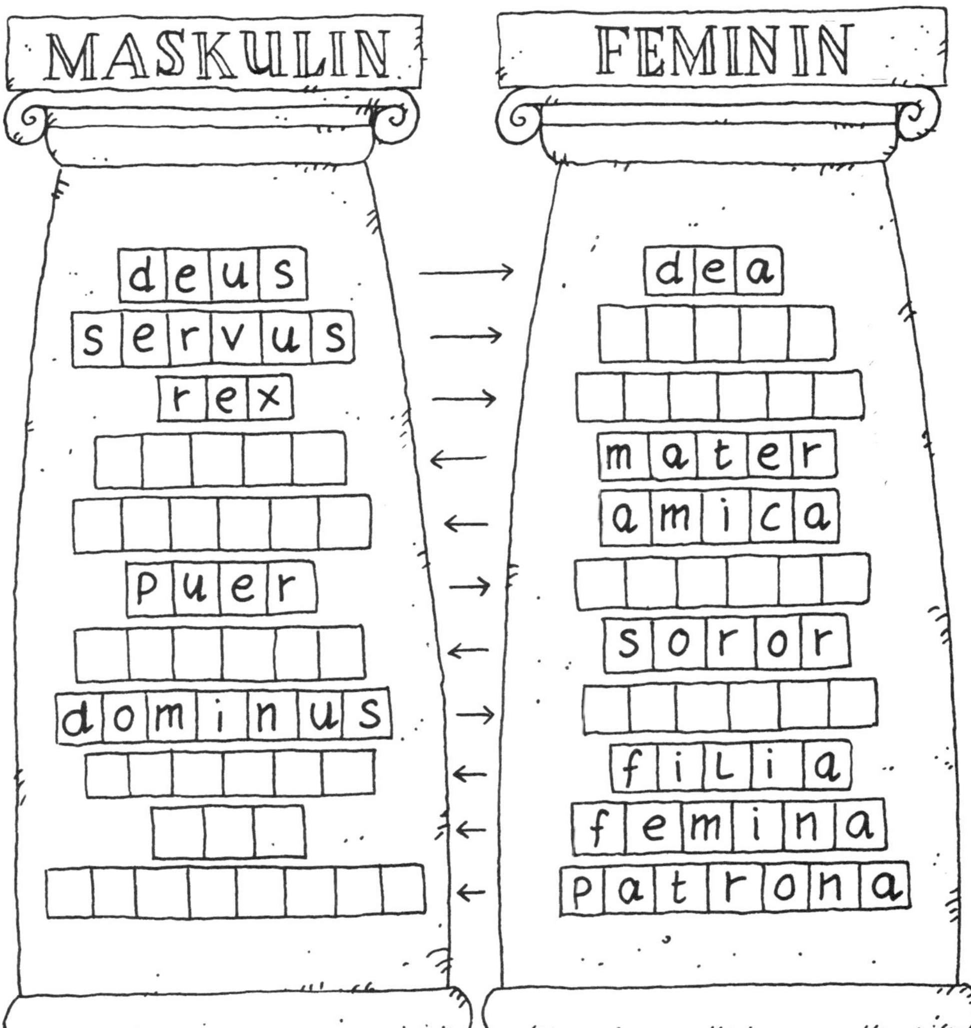

Kreuzworträtsel

Wenn du das Kreuzworträtsel richtig ausgefüllt hast, ergeben die Buchstaben der entsprechenden Zahlen einen berühmten lateinischen Spruch.

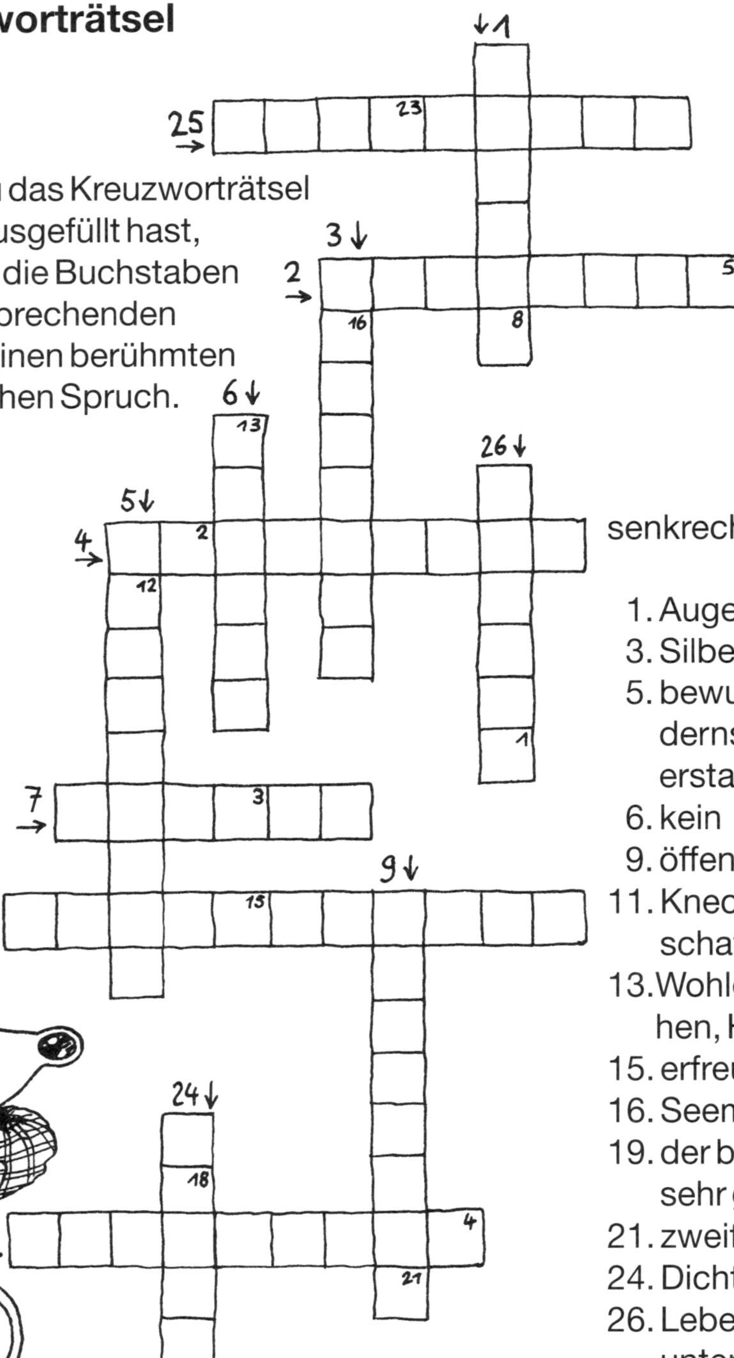

senkrecht:

1. Auge
3. Silber
5. bewundernswert, erstaunlich
6. kein
9. öffentlich
11. Knechtschaft
13. Wohlergehen, Heil
15. erfreuen
16. Seemann
19. der beste, sehr gut
21. zweifeln
24. Dichter
26. Lebensunterhalt

waagerecht:

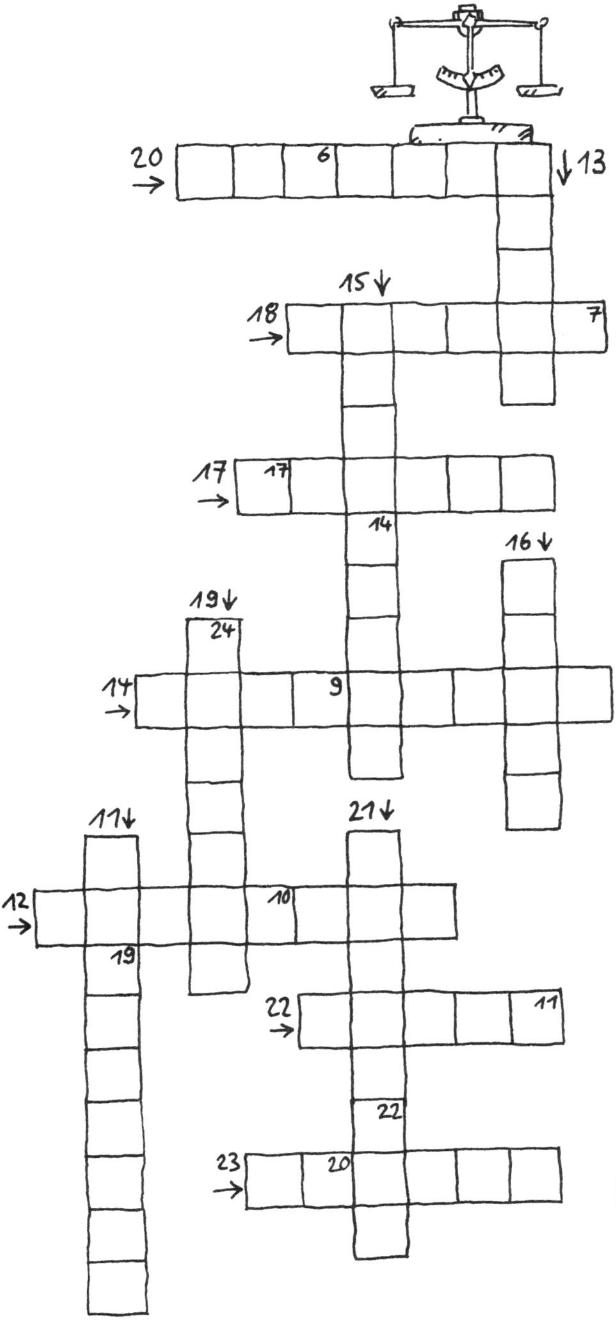

2. helfen, unterstützen
4. kriegerisch
7. Pflichtbewußtsein, Frömmigkeit
8. Philosophie
10. Brand
12. der zweite, günstig
14. Aufwand, Werkzeug
17. voll
18. Zugang
20. Blut
22. Wald
23. Rücken
25. Verderben, Untergang

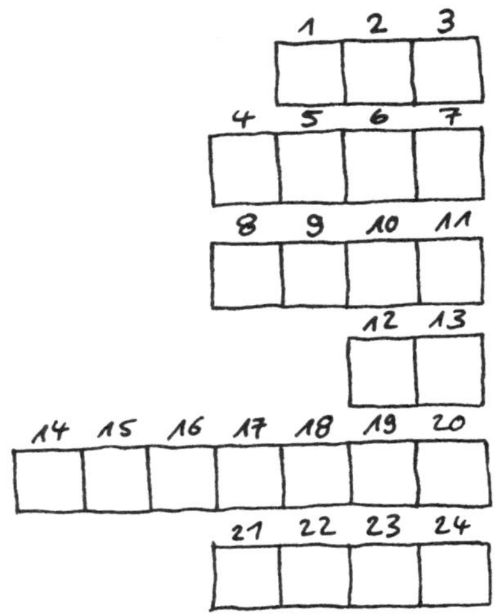

Vorsilbe ad-

bis jetzt	a	d		3					
anwesend sein	a	d	2						
zugang	a	d			6				
widrig	a	d				4			
herbeirufen	a	d			c				
herbeieilen	a	d			l		10		
Ankunft	a	d				8			
helfen	a	d	5		v				
ermahnen	a	d			n	9			
Bewunderung	a	d		7			t		

1	2	3	4		5	6			7	8	9	10
d							p	p				

Präpositionen-Mix

Siebzehn Präpositionen sind hier versteckt.
Suche waagerecht, senkrecht und diagonal.
Achtung! Einige Wörter sind auch rückwärts geschrieben.
Kreise die Präpositionen ein!

Oft werden lateinische Präpositionen auch bei Fremdwörtern verwendet. Findest du sie?
Import, Export, renovieren

Kannst du die Abkürzungen a.m. und p.m. bei der Zeitangabe im Englischen erklären?

Bilderrätsel

Setze die richtigen Wörter ein. Die Buchstaben in den stark umrandeten Feldern ergeben eine römische Ringinschrift (immer über beide Seiten von links nach rechts gelesen).

Verben-Tempel

In den Säulen findest du die Anfangs- und Endbuchstaben des Verbs, irgendwo in der Mitte die drei fehlenden Buchstaben. Ordne sie richtig zu! Unten stehen die Übersetzungen, allerdings kunterbunt durcheinander!

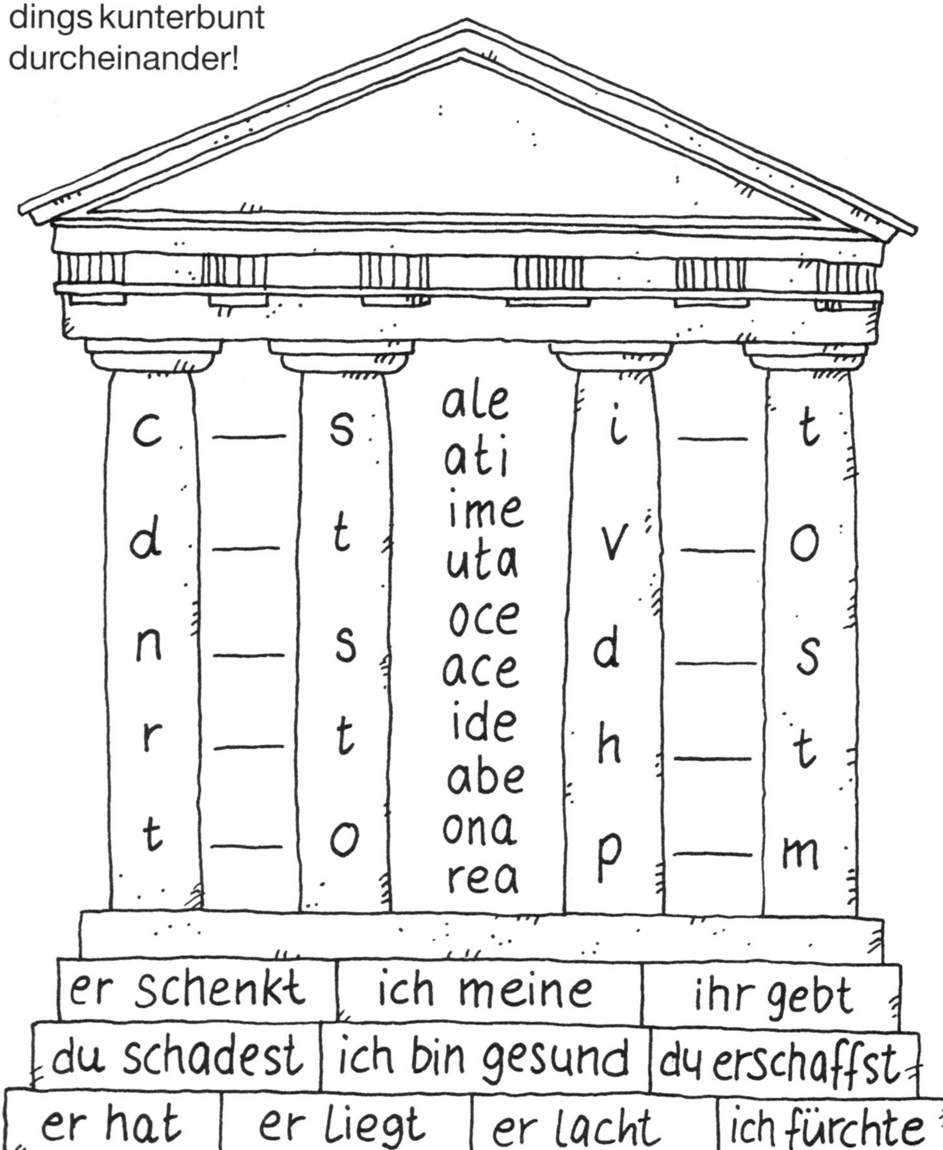

Aller Anfang ist ein »a«!

Jedes dieser lateinischen Wörter beginnt mit einem »a«.

1. von, von ... her
2. zu
3. Kunst
4. Waffen
5. Jahr
6. Zugang
7. Kühnheit
8. Herbst
9. Bewunderung
10. Ansehen

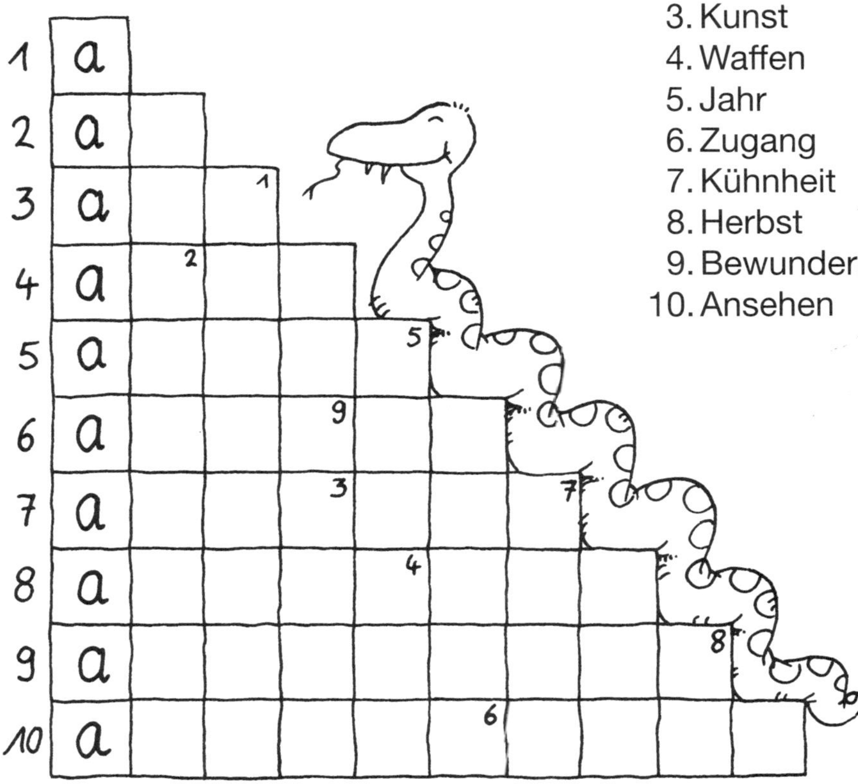

Setze die entsprechenden Buchstaben ein.

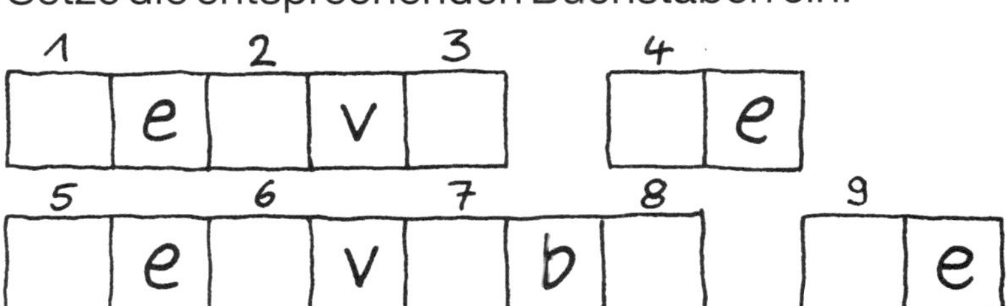

Welcher Schlüssel knackt die Truhe?

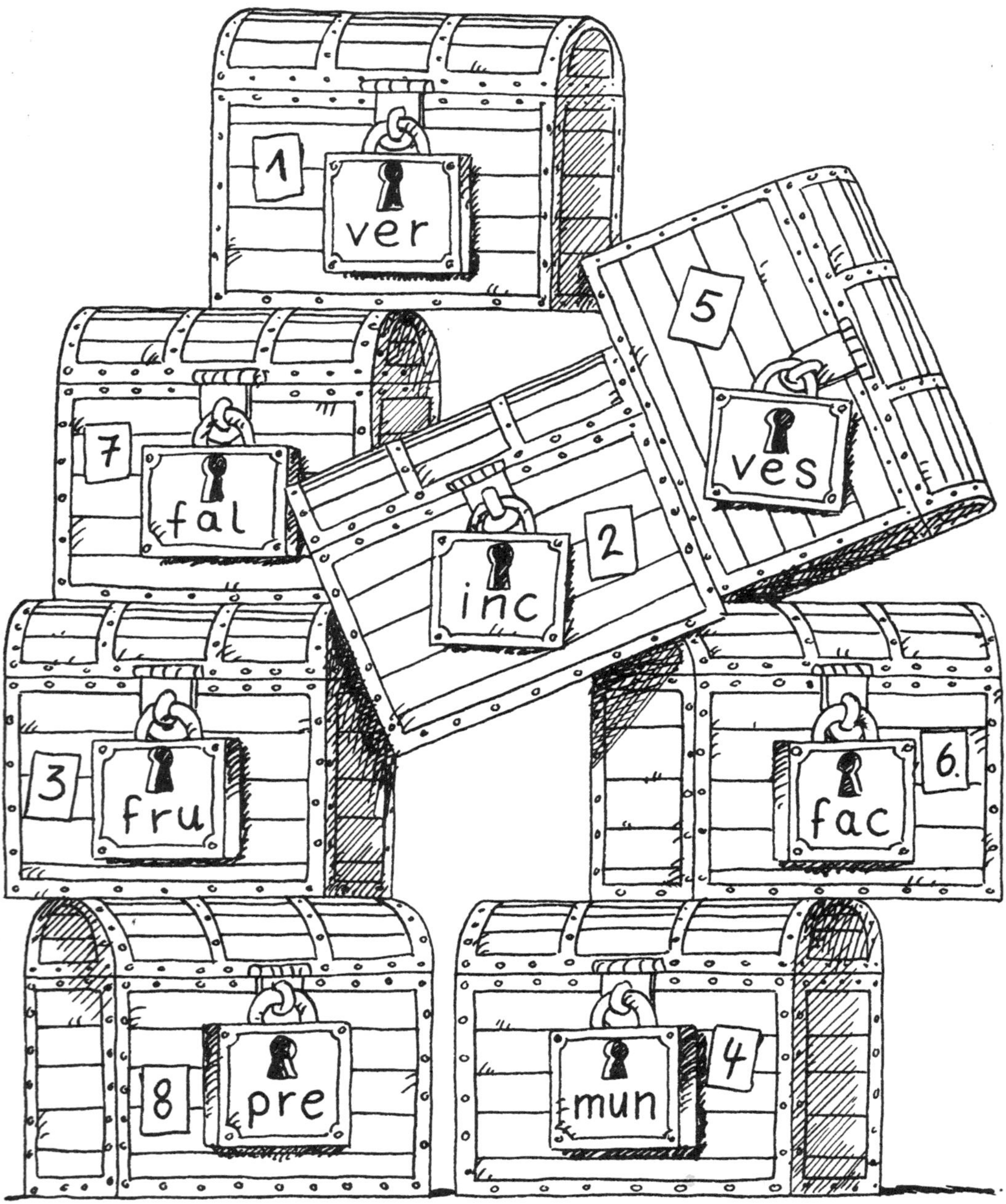

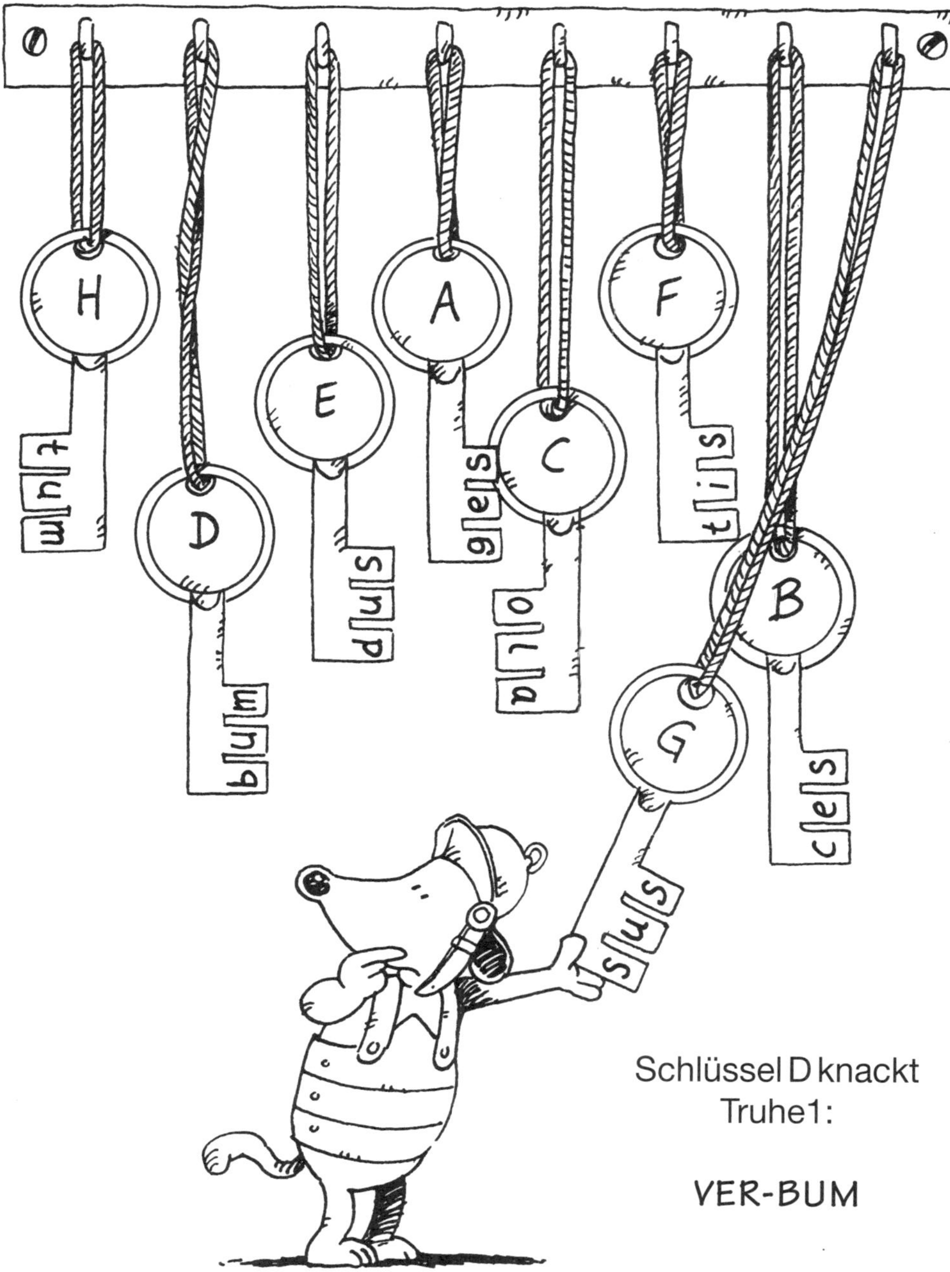

Schlüssel D knackt
Truhe1:

VER-BUM

Pyramiden-Rätsel

Finde die lateinischen Wörter! In jeder Zeile wird die Anzahl der Buchstaben um einen erhöht.

1. von, von ... her
2. und
3. warum
4. Gerücht
5. Landhaus
6. Not
7. gestorben
8. Wille

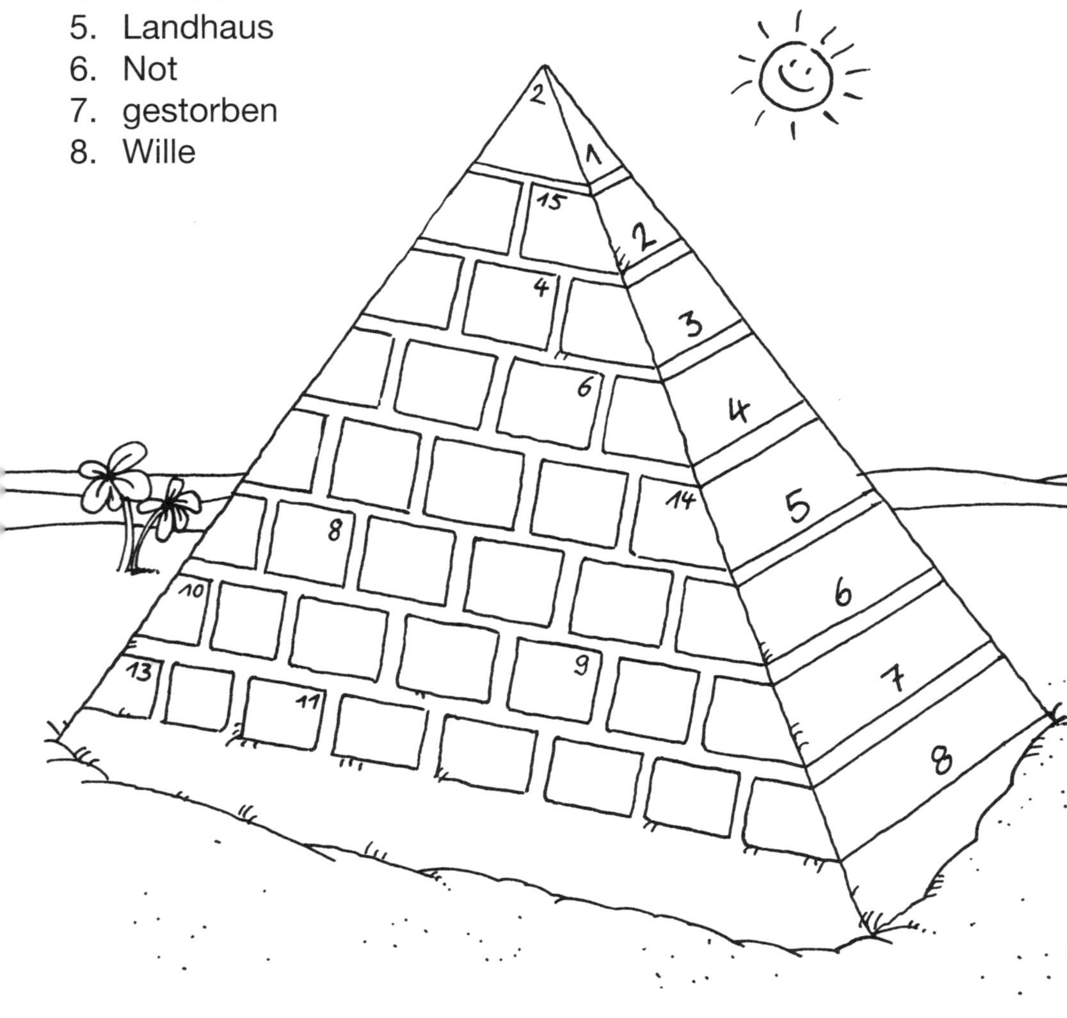

Die Buchstaben unten richtig eingesetzt ergeben ein Sprichwort.

1	2	3	4	5

6	7	8	9	10

11	12	13	14	15

I aus, von ... aus
II wenn
III dort
IV Quelle
V jeder
VI Vaterland
VII Senator

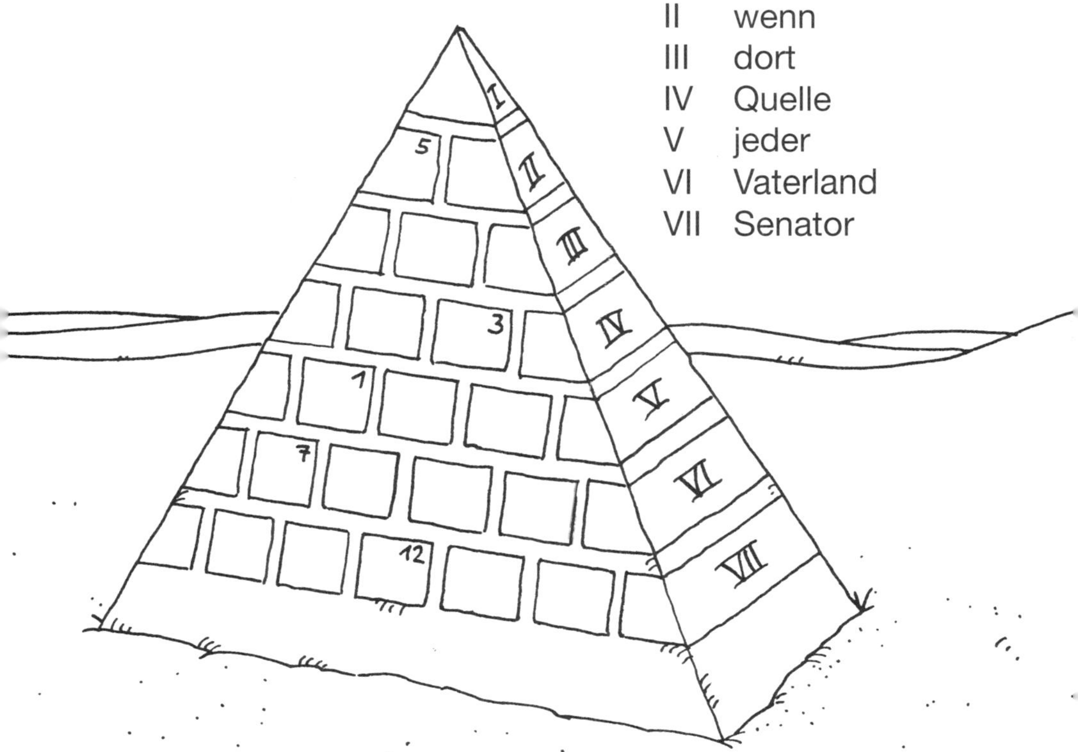

Neue Wörter

Nur ein Buchstabe muß jeweils verändert werden, um ein neues lateinisches Wort zu erhalten.
Trage den veränderten Buchstaben in die mittlere Spalte ein! Die Zahlen davor helfen beim Lösungssatz.
Es ist ein altes lateinisches Sprichwort.

1	2	3	4	5	6
e			a		

7	8	9	10	11	12	13
h			a		u	m

14	15	16
e		

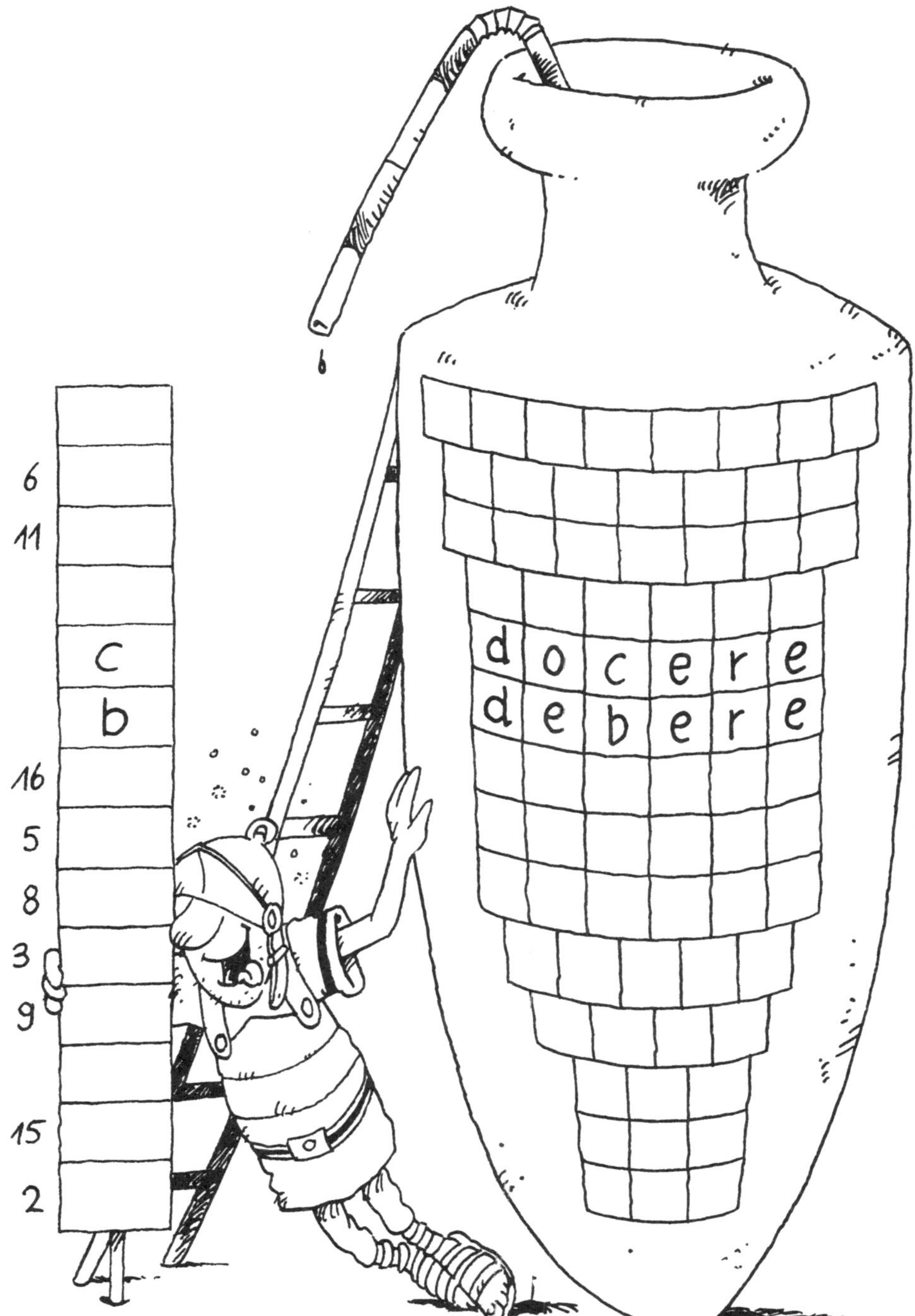
6
11
c
b
16
5
8
3
9
15
2
docere
debere

Spiegelrätsel

Kannst du die Wörter im Spiegel lesen? Schreibe die deutsche Bedeutung unten auf!

Lösungen

Seite 2
Wortrad

1. accusare
2. imperare
3. vigilare
4. laborare
5. habitare
6. incitare
7. adiuvare
8. ignorare
9. iudicare
10. excitare

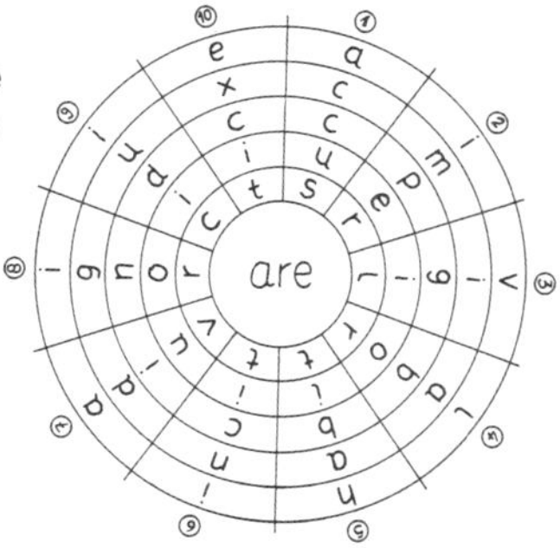

Seite 3
Treppenrätsel
lex, via, lux, ira, ius, ora, mos, rex, dux

Seite 4
Fehlende Anfangsbuchstaben
crudelis, ignis, torquere, imago, usque, sacerdos, auctoritas, locuples, thermae, incendium, unde, seditio, futurus, optare, ruina, taberna, itaque, utilis, stipendium

c i t i u s   a l t i u s   f o r t i u s

schneller, höher, stärker

Seite 5
Toleranz (tolerare = ertragen, erdulden): Duldsamkeit, Entgegenkommen
Autorität (auctoritas = Ansehen): Ansehen, Einfluß
Reliquien (reliquiae = Überreste): Überreste (Gebeine, Kleider) von Heiligen, die religiös verehrt werden
Artist (ars = Kunst): im Zirkus auftretender Geschicklichkeitskünstler
Generation (genus = Geschlecht, Gattung): die Glieder der Geschlechterfolge, z. B. Eltern, Kinder, Enkel
Abstinenz (abstinere = sich enthalten): Enthaltsamkeit
Republik (res publica = Staat): Staat, dessen Oberhaupt kein Alleinherrscher ist
Vakuum (vacuus = leer): nahezu luftleerer Raum

Seite 6/7
Substantiv und Verb
vox - vocare, nex - necare, laus - laudare, onus - onerare, forma - formare, nomen - nominare, labor - laborare, numerus - numerare, imperium - imperare, libertas - liberare, iudicium - iudicare, aedificium - aedificare, sacrificium - sacrificare

Seite 8
Wörter mit zwei Buchstaben
ab, ac, at, de, et, ex, in, is, me, ne, os, se, si, te, tu, ut

Seite 9
Lustige Wörter

ut	tu	du
is	si	wenn
et	te	dich
ara		Altar
ibi		dort
non		nicht
mare	eram	ich war
omen	nemo	niemand
ecce		siehe da
sedes		Sitz
summus		der höchste

Luxus (luxuria = Genußsucht): Verschwendung, Prunk
Advent (adventus = Ankunft): Vorbereitungszeit vor Weihnachten
Fontäne (fons = Quelle): Springbrunnen
Region (regio = Gegend): Gegend, Bereich
Advokat (advocare = herbeirufen): Rechtsanwalt, Rechtsbeistand
Ignorant (ignorare = nicht wissen): Unwissender
Pietät (pietas = Pflichtbewußtsein, Frömmigkeit): Achtung, Rücksicht
Navigation (navigare = zu Schiff fahren): Standortbestimmung und Einhaltung des Kurses bei Schiffen und Flugzeugen

Seite 10
Römische Fahnen

summa, prope, venia, posse, satis, terra, causa, nomen

m	o	n	s	t	r	u	m

Ungeheuer

Seite 11
Finde das Gegenteil!

1. mortalis, 2. impius, 3. parvus, 4. facilis, 5. novus, 6. bonus, 7. ignotus, 8. longus, 9. multi, 10. niger

Seite 12
Chinesen-Latein

frustra, arbor, solere, rursus, laborare, merere, liber, barbarus, ordo, frater, creber, porta, pauper, ridere, carere, praeda, prior, properare, haerere, propter, memor

Seite 13
Ein römischer Kaiser

1	a	q	u	a				
2	a	u	d	a	x			
3	a	e	g	e	r			
4	a	n	n	u	s			
5	a	r	c	u	s			
6	a	m	i	c	i	t	i	a
7	a	r	g	e	n	t	u	m
8	a	e	t	e	r	n	u	s

a	u	g	u	s	t	u	s

statue : statua = Statue
table : tabula = Tafel, Tisch
car : carrus = Karren, Wagen
glory : gloria = Ruhm
empire : imperium = Reich
number : numerus = Zahl
language : lingua = Sprache, Zunge
industry : industria = Betriebsamkeit, Fleiß, Industrie
liberty : libertas = Freiheit
capital : caput = Haupt, Hauptstadt
religion : religio = Ehrfurcht, Religion

Seite 14
Ein Buchstabe - zwei Wörter

mulier - ripa
oratio - odium
forum - modus
cornu - uxor
consul - ludus
diu - usus
solus - scelus
prope - etiam
caput - toga
auctor - ruina
valde - enim
factum - morbus
tu - unda
salus - sermo

Seite 15
Ein Wort im Wort

p	e	r	t	u	r	b	a	r	e
s	e	n	e	x					
v	a	s	t	u	s				
s	o	l	e	r	e				
v	e	r	b	u	m				
s	e	d	a	r	e				
p	r	u	d	e	n	s			
h	u	m	a	n	u	s			
s	e	n	a	t	u	s			
p	l	a	c	a	r	e			
t	r	i	b	u	n	u	s		
l	a	b	o	r	a	r	e		

example : exemplum = Beispiel
family : familia = Familie
nature : natura = Natur
victory : victoria = Sieg
hour : hora = Stunde
to study : studere = sich bemühen, lernen
to emigrate : e-migrare = auswandern
to use : usus = Gebrauch, Nutzen
to celebrate : celebrare = feiern

Seite 16/17
quattuor et quattuor

A 1. ager
2. avis
3. reus
4. sors

B 1. cura
2. cena
3. acer
4. ripa

C 1. puer
2. pons
3. raro
4. sero

D 1. item
2. ipse
3. mane
4. ecce

Seite 18
Pluralquiz
1. populi, 2. nomina, 3. manus, 4. genera, 5. imbres, 6. rapinae, 7. oratores, 8. hospites, 9. scelera, 10. virtutes, 11. animalia, 12. amici, 13. auctores, 14. gaudia, 15. species

Seite 19
A und O
pro, olim, nondum, tamen, ita, quot, postea, quia, mox, aut, quod, non, quondam, cras, contra, quando, tam, magis, primo, saepe, quam, quoque, salve, satis

<u>Porto</u> (portare = tragen, bringen): Gebühr für Beförderung von Postsendungen
<u>Kur</u> (cura = Sorge): Heilbehandlung
<u>Camping</u> (campus = Feld, Ebene): Leben auf Zeltplätzen
<u>miserabel</u> (miser = elend, unglücklich): erbärmlich, armselig
<u>komplett</u> (complere = füllen, anfüllen): vollständig
<u>rar</u> (raro = selten): selten
<u>Portal</u> (porta = Tür, Tor): Tor, großer Eingang
<u>Kontinent</u> (continere = zusammenhalten): Festland, Erdteil

Seite 20/21
Bilderrätsel

1	t[4]	e	m	p	l	u	m			
2	v[18]	i	n	c	u	l	u	m		
3	m	o	n	s	t[10]	r	u	m		
4	p	r[3]	o	e	l	i	u	m		
5	i	n	c	e[5]	n	d	i	u	m	
6	a	u	s[6]	p	i	c	i	u	m	
7	f	r	u	m	e	n	t[20]	u	m	
8	b	r	a[13]	c	c	h	i	u	m	
9	m	o	n	u[11]	m	e	n[12]	t	u	m
10	a[19]	e	d	i	f	i	c	i	u	m
11	s	i	m	u[17]	l	a	c	r	u	m
12	a	r[9]	t	i	f	i	c	i	u	m

1	2	3	4	5	6		7	8	9	10	11	12	13
f	o	r	t	e	s		f	o	r	t	u	n	a

14	15	16	17	18	19	20
a	d	i	u	v	a	t

Das Schicksal hilft den Starken.

Seite 22
Ein Buchstabe zuviel
mos - os, pars - ars, spes - pes, sermo - sero, amare - mare, magnus - manus, clarus - carus, aestas - aetas, factum - fatum, oratio - ratio, flumen - lumen

<u>to expect</u>: expectare = ausschauen, erwarten
<u>to create</u>: creare = erschaffen, verursachen
<u>to educate</u>: educare = erziehen
<u>to affirm</u>: af-firmare = be-kräftigen, be-stärken
<u>voice</u>: vox = Stimme
<u>sign</u>: signum = Zeichen
<u>art</u>: ars = Kunst
<u>future</u>: futurus = zukünftig, Zukunft
<u>office</u>: officium = Dienst, Pflicht, Büro
<u>memory</u>: memoria = Gedächtnis

Seite 23
Kammrätsel

d ignitas
e xemplum
m eridies
o fficium
n egotium
s uperbia
t heatrum
r emedium
a dventus
r usticus
e pistula

Seite 24/25
Fehlende Vokale

tr = iter, mprtr = imperator, sprr = superare, mpts = impetus, bllm = bellum, xrcts = exercitus, rm = arma, gmn = agmen, xpgnr = expugnare, cs = acies, hsts = hostis, px = pax

Seite 26/27
Römische Namen

a	n	t	o	n	i	u	s	p	k
u	c	s	l	p	f	x	r	l	c
g	c	l	a	u	d	i	u	s	o
u	d	i	l	a	s	m	f	p	r
s	c	c	u	u	s	a	a	a	n
t	r	l	i	l	o	r	b	n	e
u	f	r	y	u	i	c	i	a	l
s	a	d	d	b	r	u	u	i	i
m	i	r	t	b	l	s	s	d	u
a	y	a	e	m	i	l	i	u	s

Seite 28/29
Verben-Schlange

1. studui, 2. tacui, 3. docui, 4. parui, 5. debui, 6. valui, 7. tenui, 8. adhibui, 9. retinui, 10. carui, 11. habui, 12. monui, 13. continui, 14. terrui, 15. timui

Seite 30
Corpus tuum

caput, oculus, dens, collum, bracchium, manus, cor, os, pes

Seite 31
Finde das Gegenteil!

1. discordia, 2. clades, 3. abesse, 4. ridere, 5. pax, 6. nox, 7. ante, 8. cras, 9. amicus, 10. sperare

Seite 32/33
Finde die richtigen Partner!

altus - altior - altissimus
bonus - melior - optimus
facilis - facilior - facillimus
pulcher - pulchrior - pulcherrimus
multum - plus - plurimum
parvus - minor - minimus
acer - acrior - acerrimus
felix - felicior - felicissimus
malus - peior - pessimus
audax - audacior - audacissimus
magnus - maior - maximus

<u>multiplizieren</u> (multi = viele): malnehmen, vervielfachen
<u>Plural</u> (plus, plures = mehr): Mehrzahl
<u>plus</u> (plus = mehr): zuzüglich, und
<u>minus</u> (minor = kleiner): weniger, negativ
<u>minimal</u> (minimus = der kleinste): sehr klein
<u>Pessimist</u> (pessimus = der schlechteste): skeptischer Mensch, Schwarzseher
<u>Majorität</u> (major = größer): Stimmenmehrheit
<u>maximal</u> (maximus = der größte): sehr groß
<u>Optimist</u> (optimus = der beste): lebensbejahender, zuversichtlicher Mensch
<u>optimal</u> (optimus = der beste): sehr gut, bestens

Seite 34
Ein römischer Feldherr

	c	a	e	s	a	r		
1	c	a	m	p	u	s		
2	c	a	r	m	e	n		
3	c	r	e	b	e	r		
4	c	o	n	s	u	l		
5	c	e	r	t	a	m	e	n
6	c	l	a	m	o	r		

rustikal (rusticus = ländlich, der Bauer): ländlich, bäuerlich
Offizier (officium = Dienst, Pflicht): militärischer Dienstgrad
Interesse (interesse = teilnehmen): Anteilnahme, Neigung
Moral (mos = Sitte, Brauch; mores = Charakter): Sittenlehre, sittliches Verhalten
Nation (natio = Volk, Volksstamm): Volk
Tempo (tempus = Zeit): Geschwindigkeit, Hast
Apparat (apparatus = Aufwand, Werkzeug): Gerät
Finale (finis = Ende): Ende, Abschluß, Endkampf

Seite 35
Adjektiv und Substantiv
miser - miseria
sapiens - sapientia
dignus - dignitas
audax - audacia
benignus - beneficium
fidus - fides
avarus - avaritia
superbus - superbia
aureus - aurum
multus - multitudo
acer - acies
laetus - laetitia

ubi bene ibi patria

Wo es mir gut geht, da ist meine Heimat.

Seite 36
Zahlen - Zahlen - Zahlen

I	u	n	u[3]	s				
II	d	u[5]	o					
III	t	r[8]	e	s				
IV	q	u	a	t[2]	t	u	o	r
V	q[7]	u	i	n	q	u	e	
VI	s[1]	e	x					
VII	s[6]	e	p	t	e	m		
VIII	o[4]	c	t	o				
IX	n	o[9]	v	e	m			
X	d	e	c	e	m[10]			

s[1]	e	n	a	t[2]	u[3]	s			
p	o[4]	p	u[5]	l	u	s[6]	q[7]	u	e

Senatus Populusque Romanus (SPQR) = der Senat und das römische Volk

September, Oktober, November, Dezember

Seite 37
Silbenrätsel
1. aedificabat, 2. properavisti, 3. habitabant, 4. apportaverat, 5. vetavistis, 6. migraverunt, 7. convocavit, 8. desideravisti, 9. simulabat, 10. vulneraveras

Seite 38/39
Personen
1. magister, 2. captivus, 3. iudex, 4. custos, 5. mercator, 6. faber, 7. poeta, 8. senex, 9. sacerdos, 10. amicus, 11. victor

Magister (magister = Lehrer, Leiter): Lehrer, akademischer Grad
Fabrikant (faber = Handwerker): Besitzer einer Fabrik
Poesie (poeta = Dichter): Dichtkunst
senil (senex = Geist): greisenhaft, altersschwach
merkantil (mercator = Kaufmann): kaufmännisch, auf den Handel bezogen
Jura (ius = Recht): Rechtswissenschaft

Seite 40
Vertauschte Buchstaben

Roma - mora, latus - altus, carus - arcus, limes - miles, modus - domus, carere - arcere, carere - creare, necare - cenare, versus - servus, rectus - certus

Kreatur (creare = erschaffen, wählen): Geschöpf, Lebewesen
liberal (liber = frei): freiheitlich, hochherzig
Terror (terror = Schrecken): Schreckensherrschaft, rücksichtsloses Vorgehen
Video (videre = sehen): Bildaufzeichnung
Simulant (simulare = vorgeben, heucheln): jemand, der eine Krankheit vortäuscht
Antiquität (antiquus = alt): altertümliches Kunstwerk, Möbel
Kantate (cantare = singen): mehrteiliges Gesangsstück
Ingenieur (ingenium = Begabung): wissenschaftlich ausgebildeter Techniker

Seite 41
Ordne richtig zu!

servus - serva, rex - regina, pater - mater, amicus - amica, puer - puella, frater - soror, dominus - domina, filius - filia, vir - femina, patronus - patrona

Studium (studium = Eifer, Beschäftigung): wissenschaftliches Erforschen
Ruine (ruina = Einsturz): zerfallenes Bauwerk
Ornament (ornare = schmücken): Verzierung
Vokal (vocare = rufen): Selbstlaut
Primzahl (primus = der erste): eine Zahl größer als eins, die nur durch eins oder sich selbst teilbar ist
Dozent (docere = lehren): Hochschullehrer

Seite 42/43
Kreuzworträtsel

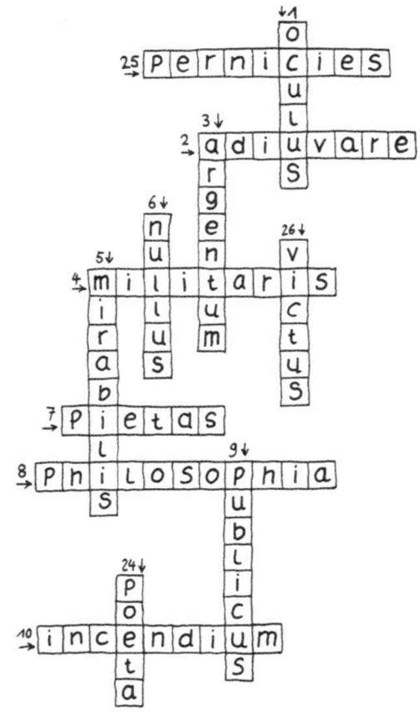

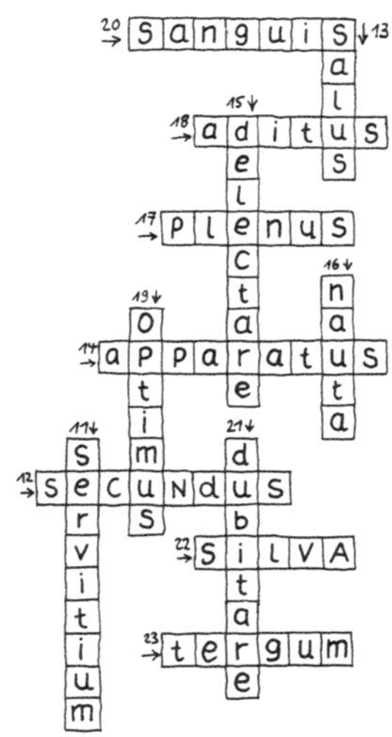

sit mens sana in corpore sano

Möge ein gesunder Geist in einem gesunden Körper sein!

Seite 44
Vorsilbe ad-
ad huc, adesse, aditus, adversus, advocave, advolare, adventus, adiuvare, admonere, admiratio

deus juppiter

Gott Jupiter

Seite 45
Präpositionen - Mix

ab - pro - per - in - ad - de - prope - supra - propter - ante - post - sub - sine - extra - ex - inter - circa

Import (im-portare = einführen): Einfuhr
Export (ex-portare = ausführen): Ausfuhr
renovieren (re-novare = erneuern): erneuern
a.m. (ante meridiem = vor Mittag): 0-12 Uhr
p.m. (post meridiem = nach Mittag): 12-24 Uhr

Seite 46/47
Bilderrätsel
canis, domus, vinum, cornu, leo, turris, donum, via, vas, insula, sol, vestis, taurus, orbis, gladius, mensa, sagitta, hortus, pecunia, liber, arbor, porta, equus, ventus, lupus, saxum

concordia nostra sit perpetua

Unsere Eintracht möge für immer sein.

Seite 48
Verben-Tempel
creas, donat, noces, ridet, timeo, iacet, valeo, datis, habet, putam

Seite 49
Aller Anfang ist ein »a«!
1. a
2. ad
3. ars
4. arma
5. annus
6. aditus
7. audacia
8. autumnus
9. admiratio
10. auctoritas

serva me servabo te

Rette mich, so werde ich dich retten.

Seite 50/51
Welcher Schlüssel knackt den Tresor?
1D verbum
2C incola
3A fruges
4E mundus
5F vestis
6H factum
7G falsus
8B preces

Seite 52/53
Pyramiden
1. a, 2. et, 3. cur, 4. fama, 5. villa, 6. inopia, 7. mortuus, 8. voluntas
I e, II si, III ibi, IV fons, V omnis, VI patria, VII senator

manus manum lavat

Eine Hand wäscht die andere.

Seite 54/55
Neue Wörter
advocare - advolare, placare - placere, captare - cantare, currus - cursus, dolere - docere, delere - debere, fessus - festus, turpis - turris, aestas - aestus, casus - carus, dare - mare, dum - cum, arx - ars, pes - res

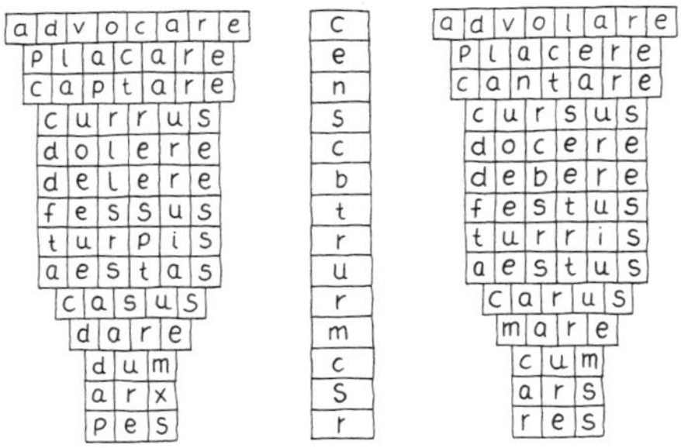

errare humanum est

Irren ist menschlich.

Seite 56
Spiegelrätsel
portus - Hafen, mensis - Monat, civitas - Bürgerschaft, solum - Erdboden, reditus - Rückkehr, vultus - Miene, virtus - Tugend, finis - Ende

Die Deutsche Bibliothek - CIP-Einheitsaufnahme
Rätseln mit Spaß Latein / Manfred Bartl.
Ill von Ralf Butschkow. - München : Ars-Ed., 1996
ISBN 3-7607-4657-8

99 98 97 96 5 4 3 2 1

Ausstattung und Herstellung: arsEdition, München
Umschlaggestaltung: Ralf Butschkow
Printed in Italy

ISBN 3-7607-4657-8